LE GRAND SAUT

Yojiro ISHII / Natsuo NOZAKI

Français niveau débutant

Editions ASAHI

はじめに

　外国語学習についてしばしば引き合いに出される言葉に、「習うより慣れろ」という言い回しがあります。確かに外国語を話せるようになるためには、細かい文法規則を紙の上で学ぶより、自分でいろいろな表現を繰り返し口にしてみるほうが効果的であることは間違いありません。泳ぎ方をいくら理屈で教わっても、実際に水に入って手足を動かさなければ泳げるようにならないのと同じことです。

　この教科書は、フランス語を使ってコミュニケーションができるようになるための手引きとして作成されました。各課（第15課以外）は4ページ構成になっています。1ページ目には短い会話のやりとりがありますが、そこに用いられている定型的な表現はそのまま日常生活ですぐ使える言い回しばかりなので、とにかく理屈抜きに覚えてください。2ページ目と3ページ目はActivités、つまりさまざまな状況や場面を設定して皆さんが実際にフランス語を使ってみるためのコーナーで、本書の核となる部分です。教室で隣の人とやりとりをしたり、色々な役割を演じたりしながら、大きな声を出してフランス語をできるだけたくさん口にしてみてください。4ページ目のGrammaireでは、その課に出てきた文法事項を中心に、必要な知識を簡潔にまとめてありますので、予習・復習のために適宜利用していただければと思います。

　本書のテキストは、Naomiという日本人の女子学生がフランスにやってきて、同年代のMarieの家にホームステイしながら、生活のさまざまな場面で使われている生きた会話表現を学ぶと同時に、Marieの家族や友人たちとの交流を通して、フランス特有の習慣や文化に触れていくという構成になっています。この滞在経験を通してNaomiがどんなことを実感したかは最後の15課まで進めばわかるはずですが、最終的には皆さんにもぜひこの実感を分かち合っていただきたいというのが著者たちの願いです。

　まずは身構えずにフランス語の海に飛び込んで、実際に手足を（口を）動かしてみてください。最初はばたばたしてしまうかもしれませんし、息継ぎに失敗して水を飲んでしまうかもしれません。しかし、あきらめずに練習を繰り返しているうちに、いつのまにかなんとか泳げるようになっている自分に気づくはずです。あとはじっくりフォームを整え、息継ぎの仕方を覚えていけば、よりスムーズに、より長い距離を泳げるようになるでしょう。

　では、Faites un grand saut dans la mer de français !（フランス語の海にダイヴ！）

2018年9月　　著者

Table des matières

Leçon 0 **Alphabet + Prononciation** 2
アルファベ、発音の規則、数詞 1 〜 10

Leçon 1 **Bonjour !** 4
あいさつ、体調
Grammaire être, avoir（直説法現在）、名詞の性数と定冠詞

Leçon 2 **Les présentations** 8
自己紹介、人を紹介する、数詞 20 〜 30
Grammaire 不定冠詞と形容詞、提示表現、人称代名詞強勢形の moi, toi、前置詞 à, de と定冠詞、疑問詞 où

Leçon 3 **À l'intérieur de l'appartement** 12
ものの位置、質問に否定で答える
Grammaire -er 動詞、所有形容詞、否定文、疑問文と答え方、所有代名詞

Leçon 4 **Le petit déjeuner** 16
昨日のことを話す、さまざまな質問をする
Grammaire -ir 動詞、疑問代名詞、疑問詞、部分冠詞、直説法複合過去（1）

Leçon 5 **Au marché** 20
市場で買い物をする、好きなもの、予定を話す
Grammaire aller, venir（直説法現在）、近接未来、指示形容詞、人称代名詞（直接目的・間接目的）、直説法複合過去（2）

Leçon 6 **Quelle robe préfères-tu ?** 24
洋服を買う、人について詳しく語る
Grammaire 疑問形容詞、指示形容詞、比較級、疑問副詞 quand、疑問代名詞

Leçon 7 **Dans la rue** 28
公共の場のルールについて話す、一日を語る
Grammaire 命令形、受動態、代名動詞（1）

Leçon 8 **Les amis** 32
人の性格について語る、時間を聞く
Grammaire 関係代名詞 qui、非人称代名詞の il（1）、疑問副詞 combien、否定のヴァリエーション、場所を示す代名詞 y

Leçon 9	**Au restaurant** ··· 36
	レストランで注文する、値段をたずねる、数詞 30 〜 1.000
Grammaire	条件法現在、vouloir の活用（直説法現在・条件法現在）, pouvoir の活用（直説法現在・条件法現在）、非人称代名詞の il（2）

Leçon 10	**La sortie** ··· 40
	評価をする、子供のころについて語る、人を誘う
Grammaire	直説法半過去、疑問副詞 pourquoi、疑問副詞 comment、connaître の活用（直説法現在）

Leçon 11	**La manif'** ··· 44
	仕事や社会について話す
Grammaire	中性代名詞 le、代名動詞（2）、faire の活用（直説法現在）、dire の活用（直説法現在）、特殊な代名詞 en

Leçon 12	**Les retrouvailles après les vacances** ··· 48
	季節の行事について、交通手段について話す
Grammaire	接続法現在、最上級、mettre の活用（直説法現在）

Leçon 13	**La rentrée** ··· 52
	関心のある分野について話す、夢を語る
Grammaire	代名動詞（3）、条件法過去、voir の活用

Leçon 14	**L'entretien** ··· 56
	天気について、面接で話してみよう
Grammaire	ジェロンディフ、直説法単純未来、接続法過去

Leçon 15	**La discussion** ·· 60
	自分の意見を話してみよう
Grammaire	接続表現の種類、用法

Appendice	··· 62
Grammaire	人称代名詞強勢形、所有代名詞、近接過去、直接目的補語と間接目的補語の併用、疑問代名詞、代名動詞の命令形、関係代名詞 que、直説法大過去、直説法前未来

音声はこちら
https://text.asahipress.com/free/french/ury/index.html
（ストリーミング・mp3 ファイル形式）

Leçon 0 — alphabet + prononciation

1 alphabet アルファベ ♪ 01

A a [a]	B b [be]	C c [se]	D d [de]	E e [ə]	F f [ɛf]
G g [ʒe]	H h [aʃ]	I i [i]	J j [ʒi]	K k [ka]	L l [ɛl]
M m [ɛm]	N n [ɛn]	O o [o]	P p [pe]	Q q [ky]	R r [ɛr]
S s [ɛs]	T t [te]	U u [y]	V v [ve]	W w [dubləve]	X x [iks]
Y y [igrɛk]	Z z [zɛd]				

2 発音の基礎

母音の発音 ♪ 02

・母音字が重ならないとき

a, à, â	[a, ɑ]	table [tabl]	chat [ʃa]	là [la]	âge [ɑʒ]
e	[ə], [e], [ɛ]	de [də]	les [le]	veste [vɛst]	
é	[e]	été [ete]	étudiant [etydjã]		
è, ê, ë	[ɛ]	mère [mɛr]	bête [bɛt]		
i, î, ï, y	[i]	midi [midi]	île [il]	égoïste [egɔist]	
o, ô	[ɔ]	pomme [pɔm]			
u, û	[y]	mur [myr]	sûr [syr]		

＊e は語末では［無音］，音節の最後に来るとき［ə］または［無音］，その他は［e, ɛ］

綴り字記号には以下のような種類があり，基本的に省略はできません。
　´ accent aigu アクサン・テギュ é　　　　` accent grave アクサン・グラーヴ à, è, ù
　¸ cédille セディーユ ç　　　　　　　　　　¨ tréma トレマ ë, ï
　^ accent circonflexe アクサン・シルコンフレックス â, ê, î, ô, û

・母音字が重なるとき

ai, ei	[ɛ]	mais [mɛ]	peine [pɛn]	
au, eau	[o]	aube [ob]	château [ʃato]	
ou, où	[u]	loup [lu]	où [u]	
eu, œu	[ø,œ]	feu [fø]	vœu [vø]	＊o と e はくっつけて œ とつづる
oi	[wa(ɑ)]	oiseau [wazo]		

・母音字が1つ（あるいは2つ）＋ m または n

an, am, en, em	[ã]	banc [bã]	camp [kã]	cendre [sãdr]	temple [tãpl]
in, im, yn, ym, ain, aim, ein, eim	[ɛ̃]	matin [matɛ̃]	impoli [ɛ̃pɔli]	pain [pɛ̃]	faim [fɛ̃]
un, um	[œ̃]	lundi [lœ̃di]	parfum [parfœ̃]		
on, om	[ɔ̃]	mouton [mutɔ̃]	ombre [ɔ̃br]		

子音の発音 ♪03

c	[k]（a, o, u および子音の前）; [s]（e, i, y の前）				
		cave [kav]	cycle [sikl]	cela [səla]	
ç	[s]	garçon [garsɔ̃]	français [frɑ̃sɛ]		
ch	[ʃ]; [k]	chaise [ʃɛz]	écho [eko]	chrétien [kretjɛ̃]	
g	[g]（a, o, u および子音の前）; [ʒ]（e, i, y の前）				
		gare [gar]	grand [grɑ̃]	gorge [gɔrʒ]	gilet [ʒilɛ]
gn	[ɲ]	signal [siɲal]	montagne [mɔ̃taɲ]		
h	[無音] ただし気音の h は子音字として扱う。				
		heure [œr]（無音の h）		héros [ero]（気音の h）	
th	[t]	théorie [teɔri]	gothique [gɔtik]		

発音される語末の子音字 ♪04

語末の子音字は原則として発音されないが c, f, l, r の４つは一般に発音される傾向がある。ただし動詞の語尾 -er は常に [e] と発音され，r は読まれない。

sac [sak]　　chef [ʃɛf]　　animal [animal]　　mer [mɛr]　　aimer [eme]

リエゾン、アンシェヌマン、エリズィオン

・本来発音しない語尾の子音字＋ a, e, i, o, u, 無音の h（リエゾン）
　　un‿enfant　　les‿hommes　　vous‿avez
・本来発音される語尾の子音字＋ a, e, i, o, u, 無音の h（アンシェヌマン）
　　une‿église　　il‿est
・le, la, je, que など頻度の高い特定の単語＋母音字または無音の h（エリズィオン）
　　le + autobus → l'autobus　　la + habitude → l'habitude

3 Les nombres de 0 à 10 ♪05

0 zéro　1 un　2 deux　3 trois　4 quatre　5 cinq
　　6 six　7 sept　8 huit　9 neuf　10 dix

①聞き取った数字を書きましょう。Écoutez et écrivez. ♪06

1. _____　2. _____　3. _____　4. _____

②答えが正しい方を通って進みましょう。Cherchez la sortie du labyrinthe.

スタート			
un + deux	1	deux + huit	10
3	un + trois	4	un + six
deux + deux	5	deux + trois	7
			ゴール

Leçon 1 Bonjour !

♪ 07

Arnaud : Bonjour, bienvenue en France ! Je suis Arnaud.
Naomi : Bonjour, je suis Naomi. Enchantée.
Arnaud : Ça va bien ? Tu as tes valises ?
Naomi : Oui, ça va.
Arnaud : Bien. Allons à la maison.

> Bonjour.（Bonsoir.／Bonne nuit.）　こんにちは
> Bienvenu(e).　ようこそ
> Enchanté(e).　はじめまして
> Ça va bien ?　元気ですか？
> Allons 〜．　〜へ行きましょう。

> フランス語には初対面の挨拶の際に日本人がよく使う「よろしく」にあたる言葉が、実はない。冒頭に「お会いできて嬉しいです（Ravi(e) de vous rencontrer）」と言葉を足す場合もあるけれど、たいていは Bonjour と簡単にすますことが多いので、やたらめったら「よろしく」を連発しないよう注意しよう。そこのところ、よろしく！

Activités 1

Bonjour !

Saluer

Bonjour.　　Bonsoir.

Prendre congé

Au revoir.
Bon après-midi.
À demain.
À bientôt.

Salut !

やり取り　隣の人と挨拶しましょう。Saluez votre partenaire.

1　— Bonjour / Bonsoir, je suis ………… Et toi ?
　　— Je suis ………… Enchanté(e).

2　それぞれの絵にあった挨拶を考えてみましょう。Trouvez les expressions appropriées.

Activités 1

L'état physique

♪ 09

être
Je suis...

en (pleine) forme   fatigué / épuisé   mal à la tête

avoir
J'ai...

mal à la gorge   mal aux dents

malade

un rhume / la grippe / de la fièvre   faim

 挨拶に続き、隣の人と体調についてやり取りしましょう。Parlez avec votre voisin en suivant l'exemple ci-dessous :

— Ça va ?
— Oui, ça va. Et toi ?
— Non, je suis (fatigué / malade) / j'ai (faim / mal à la tête).

Exercices à l'écrit 1

1 定冠詞 la / le / l' / les で埋めましょう。

a) (　　) France　　　　　b) (　　) crêpe
　 (　　) Europe　　　　　　 (　　) glace
　 (　　) Corée　　　　　　　(　　) maison
　 (　　) Chine　　　　　　　(　　) pain
　 (　　) Maroc　　　　　　　(　　) devoirs
　 (　　) États-Unis

2 être または avoir を活用し、文を完成させましょう。

Je (　　　　) au Japon.
Ils (　　　　) aux États-Unis.
Il (　　　　) en retard.
Allons au cinéma ! — Non, je (　　　　) fatigué.
Vous (　　　　) raison.
Nous (　　　　) faim.
Je pense, donc je (　　　　).

Grammaire 1

1 主語人称代名詞と être の活用（直説法現在）

être ♪10

je	suis	nous	sommes
tu	es	vous	êtes
il	est	ils	sont
elle	est	elles	sont

- tu は相手と親しい関係にある場合に用い、通常は相手が一人でも vous を用いる。

  Je suis Tanaka Masako.
  Il est japonais.
  Vous êtes professeur ?

2 主語人称代名詞と avoir の活用（直説法現在）

avoir ♪11

j'	ai	nous	avons
tu	as	vous	avez
il	a	ils	ont
elle	a	elles	ont

- je は母音字（または無音の h）の前で j' となる。

  Tu as soif ? — Non, mais *j'ai* faim.
  Vous avez raison.

3 名詞の性数と定冠詞

	定冠詞＋男性名詞	定冠詞＋女性名詞
単数形	le musée （l'aéroport）	la maison （l'école）
複数形	les musées	les maisons

- 名詞には男性名詞と女性名詞があり、単数形と複数形がある。
- 複数形は原則として単数形の語尾に s をつける（この s は発音されない）。
  単数形が － s, － x, － z で終わる単語は不変。
- 例外的に、複数形の語尾が － x になるものや、綴りの一部を変えて － x をつけるものもある。

  le cheveu → *les* cheveux, *le* cheval → *les* chevaux, *etc.*
- le, la は母音字（または無音の h）の前で l' となる。
- 国名にも男女の性別があり、複数形の国名もある。

  le Japon, *la* France, *les* États-Unis, *etc.*

Leçon 2 — Les présentations

♪ 12

(À la maison)

Marie : Bonjour. Te voilà ! Moi, c'est Marie. Ma mère est au travail.
Naomi : Et toi ? Comment tu t'appelles ?
Jean : Je m'appelle Jean.
Marie : C'est mon frère.

Jean : Tu viens d'où du Japon ?
Naomi : Je viens de Kyoto.
Jean : Ah ! C'est une belle ville. Il y a de beaux quartiers.

> Te voilà !　やあ！、やっと会えたね！
> Comment tu t'appelles ? ― Je m'appelle 〜.
> 　　　　　　　　　　　名前は何て言うの？　私は〜です。
> Tu viens d'où ? ― Je viens de 〜.
> 　　　　　　　　　どこから来たの？　〜出身です。

フランス人が抱く日本の都市のイメージとして、まず東京の高層ビル、そして京都の寺院がある。tradition et modernité（伝統と近代性）という紋切型の表現もよく耳にするが、一方で外国のことを知ろうとする人も多いので、他の側面や魅力を伝えれば、会話ももっと盛り上るかも。

Activités 2

Présente-toi !

① …… のところに人称代名詞強勢形の moi または toi を書き入れましょう。Complétez avec « moi » ou « toi ».

② 隣の人にこれらの質問をしてみましょう。（　　）の中には、質問の答えを書きましょう。Posez les questions suivantes à votre voisin.

— Comment tu t'appelles ?

— ………………, je m'appelle (　　　　　　　). Je suis étudiant(e). Et ……………… ?

— Je suis étudiant(e) aussi.

— Tu viens d'où ?

— Je viens de (　　　　　　). Et ……………… ?

— ………………, je viens de (　　　　　　).

Célèbre ou pas ?

Pénélope Cruz	Les Beatles	Lionel Messi	Haruki Murakami	Yves Saint Laurent
actrice	chanteurs	footballeur	écrivain	grand couturier
Madrid	Liverpool	Rosario	Kobé	Oran

 例にならって、提示表現を使いながら上の著名人を紹介しましょう。またなりきって話してみましょう。Présentez une célébrité de votre choix en suivant l'exemple ci-dessous.

Exemple　Voici Pénélope Cruz.
　　　　　C'est une actrice espagnole.
　　　　　Je viens de Madrid. C'est une grande ville.

Activités 2

3 Les nombres de 11 à 20 ♪

| 11 onze | 12 douze | 13 treize | 14 quatorze | 15 quinze |
| 16 seize | 17 dix-sept | 18 dix-huit | 19 dix-neuf | 20 vingt |

やり取り

①隣の人の年齢を当て、やり取りしましょう。Parlez avec votre voisin en suivant l'exemple ci-dessous :

Exemple Tu as dix-huit ans ? — Oui, j'ai dix-huit ans. / Non, j'ai dix-neuf ans.

②小さい順に並べましょう。Remettez dans l'ordre les chiffres suivants.

douze deux onze vingt treize dix cinq sept quinze neuf

Exercices à l'écrit 2

1 名詞に合わせて形容詞の性・数を変え、適切な位置に書き入れましょう。

Exemple une (fleur) (joli) → une jolie fleur

une (fleur) (magnifique) → _____

une (fille) (intelligent) → _____

un (garçon) (beau) → _____

un (gâteau) (bon) → _____

une (sauce) (anglais) → _____

une (ville) (grand) → _____

une (place) (public) → _____

des (mesures) (politique) → _____

des (réunions) (important) → _____

2 適切な提示表現を書き入れましょう。

(   ) Jean, mon frère.

(   ) bientôt l'été.

(   ) des articles intéressants.

(   ) beaucoup de monde au concert.

3 適切な前置詞を書き入れましょう。気づいた点について話し合いましょう。

Je viens (   ) Japon. Tu viens (   ) Paris.

Je viens (   ) Canada. Tu viens (   ) Chine ?

Ils sont (   ) Berlin.

Elles sont (   ) Strasbourg.

Grammaire 2

1 不定冠詞と形容詞

男性名詞単数形	女性名詞単数形	複数形（男女共通）
un homme	une femme	des hommes, des femmes

- 形容詞は通常、名詞の後につける。名詞の性数に応じて形容詞も変化する。
  un homme *intelligent*, *une* femme *intelligente*
  des livres *intéressants*, *des* revues *intéressantes*
- よく使われる短い形容詞は、名詞の前に置かれることが多い。
  un grand arbre, *une petite* maison, *une jolie* fleur
- beau のように、特殊な女性形や男性第二形・複数形を持つ形容詞もある。
  un beau jardin, *un bel* hôtel, *une belle* église
  de beaux costumes（名詞の前に形容詞複数形が置かれているときは des → de）

2 提示表現

Voici mon frère, et *voilà* ma sœur.
C'est notre cousin.
C'est une voiture française.
Il y a une grande place devant la gare.
Il y a beaucoup de jeunes gens sur la place.

3 人称代名詞強勢形の moi と toi

- 主語の je, tu を強調する場合などに用いられる。
  Moi, je suis étudiant. Et *toi* ?

4 前置詞 à, de と定冠詞

- à+le = au, à+les = aux（à la はそのまま）
  Allons *au* musée.
  Bienvenue *aux* États-Unis.
  ＊一般に「〜に」「〜で」の意味で女性名詞の国名の前に付ける前置詞は en
  Ils sont *en* Angleterre.
- de+le = du, de + les = des（de la はそのまま）
  Tokyo est la capitale *du* Japon.
  Washington est la capitale *des* États-Unis.

5 疑問副詞 où

Tu viens *d'où* ?（どこから）
Où sont mes lunettes ?（どこに）

Leçon 3 — À l'intérieur de l'appartement

♪ 16

Marie : Tu viens avec moi ? Ma chambre est à gauche dans le couloir.

Naomi : D'accord.

Marie : Nous voilà... Mais qu'est-ce que tu fais là, Jean ?

Jean : Je ne sais plus où est mon portable.

Marie : Je crois que le tien est sur le fauteuil au salon, à droite du téléviseur.

Jean : Et je ne retrouve pas mes lunettes.

Naomi : Elles sont sur ta tête !

D'accord.　いいよ、オーケー
Qu'est-ce que tu fais ?　何してるの？
Je crois que 〜.　〜だと思う
Je ne sais plus 〜.　もう分からなくなった

フランス人は家でも常に靴を履いているかって？そんなことはない。家族だけで過ごしたり、リラックスしたい時は、スリッパ (chaussons) に履き替えたり、裸足で歩き回ることもある。ただし、友人やお客さんを招く時など、少し改まった場では靴を履く。

Activités 3

Jean cherche ses affaires...

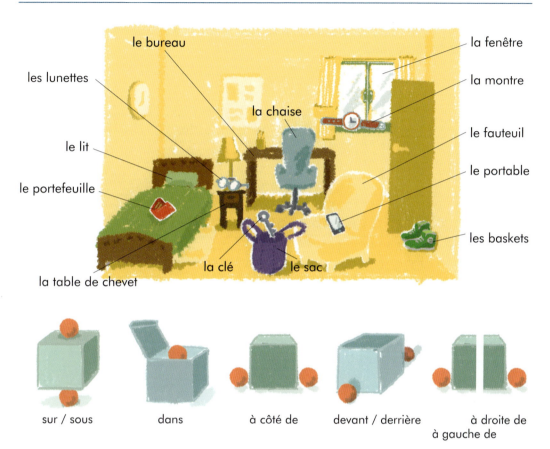

1. 下線部に適切な所有形容詞・前置詞を書き入れましょう。Complétez les dialogues.

   Où est _____ portable ?   — Il est _____ le fauteuil.

   Où est _____ clé ?   — Elle est _____ son sac.

   Où est _____ sac ?   — Il est _____ la chaise.

   Où sont _____ lunettes ?   — Elles sont _____ la table de chevet.

   Où est _____ montre ?   — Elle est _____ la fenêtre.

   Où sont _____ baskets ?   — Elles(Ils) sont _____ la porte.

2. 隣の人に同じ質問をしましょう。Posez les mêmes questions à votre voisin.

Activités 3

Tu parles français ?

1 parler を適切に活用させ、下線部を埋めましょう。場合によっては否定形で答えましょう。
Complétez les dialogues.

Vous _____ français ?
Naomi _____ _____ _____ bien français.
— Est-ce que Pénélope Cruz _____ le chinois ?
— Non, elle _____ _____ _____ le chinois. Elle _____ espagnol et anglais.

やり取り

2 例にならって、肯定か否定で答えましょう。Parlez avec votre voisin en suivant l'exemple ci-dessous :

Exemple — Et toi ? Est-ce que tu parles (français / anglais / russe / chinois....) ?
— Oui / Non, je......

Exercices à l'écrit 3

1 次の文章を Est-ce que を使って疑問文に変えましょう。次に否定文で答えましょう。
（必要な場合は人称代名詞を（　）内のものに変えること）。

Exemple
Je cherche un travail.　　→ (tu) Est-ce que tu cherches un travail ?
　　　　　　　　　　　　→ (je) Non, je ne cherche pas de travail.

J'habite à Marseille.　　→ (tu) _____
　　　　　　　　　　　→ (je) _____

Il parle le russe.　　→ _____
　　　　　　　　　→ _____

Tu es content.　　→ _____
　　　　　　　　→ (je) _____

Vous êtes fatigués.　　→ _____
　　　　　　　　　　→ (nous) _____

Nous trouvons des solutions.　　→ (vous) _____
　　　　　　　　　　　　　　→ (nous) _____

Elles travaillent ensemble.　　→ _____
　　　　　　　　　　　　　→ _____

Grammaire 3

1 -er 動詞（第1群規則動詞）の活用（直説法現在）

retrouver ♪18

je	retrouve	nous	retrouvons
tu	retrouves	vous	retrouvez
il	retrouve	ils	retrouvent
elle	retrouve	elles	retrouvent （語尾 -ent は無音）

2 所有形容詞

	男性名詞単数形	女性名詞単数形	複数形（男女共通）
私の〜	mon père	ma mère	mes parents
君の〜	ton père	ta mère	tes parents
彼（女）の〜	son père	sa mère	ses parents
私たちの〜	notre père	notre mère	nos parents
あなた（たち）の〜	votre père	votre mère	vos parents
彼（女）たちの〜	leur père	leur mère	leurs parents

- 母音字（または無音の h）の前では、ma → mon, ta → ton, sa → son
  × ma école →○ *mon* école, × sa habitude →○ *son* habitude

3 否定文

- 動詞を ne...pas ではさむ（ne は母音字または無音の h の前で n' となる）。
  Je *ne* suis *pas* chinois.
  On n'a *pas* le temps de bavarder.
    ＊on は漠然と「人」を表す主語で、会話では多く nous の代わりに用いられる。

  Elle *ne* mange *pas de* légumes.
    ＊否定文の場合、直接目的語の前の不定冠詞・部分冠詞は de になる。

4 疑問文と答え方

- 疑問文は原則として主語と動詞を倒置して－（トレデュニオン）でつなぐが、会話では語尾を上げて尋ねることが多い。肯定の答えは oui, 否定の答えは non で導く。
  Tu es content ?（= *Es-tu* content ?）
  — *Oui*, je suis content.   — *Non*, je ne suis pas content.
- Est-ce que 〜の後に普通の文を置けば疑問文になる。
  Est-ce que vous parlez anglais ?

5 所有代名詞

C'est ton mouchoir ? — Oui, c'est *le mien*.
C'est ma clé. Où est *la tienne* ?

Leçon 4 — Le petit déjeuner

(Le matin suivant…)

Catherine : Tu as bien dormi ?

Naomi : Oui, très bien.

Catherine : Que veux-tu pour le petit déjeuner ? Comme boisson, il y a du chocolat chaud, du café, du jus d'orange…

Naomi : Euh…

Catherine : C'est comme tu veux.

Naomi : Du chocolat chaud, s'il te plaît.

Catherine : Sinon, il y a du pain, avec de la confiture, des fruits, du yaourt… tu choisis.

Naomi : Merci.

Tu as bien dormi ?　よく眠れた？
Comme tu veux.　お好きなように
s'il te plaît (s'il vous plaît)　お願いします
merci　ありがとう

縦の関係よりも横のつながりを大事にするフランスでは、目上の人に対しても tutoyer する。例えば職場では、上司や同僚は肩書ではなく名前で呼び合う（ここで vouvoyer にこだわると嫌われます）。親を名前で呼ぶ子供も多い。ただ、学校の先生だけは、vouvoyer するのがふつう。

Activités 4

Qu'est-ce que tu as fait ?

1 これまでのマリーとナオミの行動を振り返り、複合過去にして書き入れましょう。
Conjuguez les verbes au passé composé.

Marie (faire) les présentations. _____

Ensuite, elle (montrer) la chambre à Naomi. _____

Elle (retrouver) le portable de son frère sur le fauteuil. _____

La nuit, Naomi (bien dormir). _____

Elle (prendre) du chocolat chaud au petit déjeuner. _____

regarder un film / surfer sur Internet / travailler (au restaurant) / faire ses devoirs / cuisiner

parler au téléphone avec les amis / écouter de la musique / faire les courses / dormir / faire le ménage

やり取り

2 上の絵の動詞を複合過去に変えて、隣の人とやり取りしましょう。Parlez avec votre voisin en reformulant les verbes au passé composé.

Exemple — Hier, j'ai _____ Et toi ?   — Moi, j'ai _____

3 以下の人物は何をしていたのでしょうか。例にならってフランス語で答えましょう。
Répondez selon l'exemple.

| Jean | Marie | Naomi | Arnaud | Catherine |

Exemple — Qu'est-ce que Jean a fait hier soir ?
— Hier, Jean a surfé sur Internet.

Activités 4

Le petit déjeuner

fruits　café　lait　jus d'orange　chocolat chaud　thé　natto　poisson　yaourt　tartine　confiture　riz

1 上の単語に部分冠詞をつけてみましょう。Les articles partitifs manquent aux mots indiqués ci-dessus. Rajoutez-les.

2
隣の人に、朝はいつも何を食べるのか聞いてみましょう。また、今朝は何を食べたのか聞いてみましょう。Parlez avec votre voisin en suivant l'exemple ci-dessous :

Exemple　— Qu'est-ce que tu as mangé ce matin ? / Qu'est-ce que tu as bu ce matin ?
　　　　　— Ce matin, j'ai mangé (j'ai pris) _____

Exercices à l'écrit 4

1 疑問詞・疑問代名詞を使って、答えに対応する質問文を考えましょう。

— _____ → Je m'appelle Catherine.

— _____ → C'est une tarte Tatin, un dessert français.

— _____ → Hier, il a lu toute la journée.

— _____ → Je suis un peu fatiguée.

2 下の文の動詞を複合過去に変えましょう。

Elle voyage dans plein de pays. _____

Tu finis le dessert ? _____

Je dîne chez une amie dimanche. _____

Il quitte sa petite amie. _____

Ils boivent trop de bière. _____

Nous travaillons dur toute la journée. _____

Vous choisissez le menu ? _____

Grammaire 4

1 -ir 動詞（第2群規則動詞）の活用（直説法現在）

choisir ♪22

je	choisis	nous	choisissons
tu	choisis	vous	choisissez
il	choisit	ils	choisissent
elle	choisit	elles	choisissent

2 疑問代名詞　que, qu'est-ce que
- Que〜の後は原則として主語と動詞を倒置する。Qu'est-ce que〜の後は倒置しない。
- que は母音字（または無音のh）の前では qu' となる。

  Que prenez-vous comme dessert ? (prenez → prendre)
  Qu'est-ce que c'est ?
  Tu as mauvaise mine. *Qu'est-ce que* tu as ?

3 疑問詞を用いた疑問文の語順
- 原則として疑問詞を文頭に置いて主語と動詞を倒置するが、会話では倒置しないことも多い。また、聞きたい箇所をそのまま疑問詞で置き換えることもできる。

  Comment t'appelles-tu ? ／ *Comment* tu t'appelles ? ／ Tu t'appelles *comment* ?

4 部分冠詞

男性名詞の前	女性名詞の前	母音字（または無音のh）の前
du pain	de la viande	de l'argent, de l'eau

- 1つ、2つ……と数えられない名詞の前に置いて一定量を示す。

  Je veux *du* pain avec *de la* confiture.
  Tu veux *du* jus de pomme ou *de l'*eau minérale ?

5 直説法複合過去（1）（avoir を助動詞とする場合）

dormir ♪23

j'	ai	dormi	nous	avons	dormi
tu	as	dormi	vous	avez	dormi
il	a	dormi	ils	ont	dormi
elle	a	dormi	elles	ont	dormi

- 多くの動詞は〈avoir の直説法現在＋過去分詞〉で作る。
- 会話で頻繁に複合過去が用いられる動詞の過去分詞はそのまま覚えたほうがよい。

  J'*ai mangé* du poisson au dîner. （→ manger）
  Tu n'*as* pas encore *fini* tes devoirs ?（→ finir）
  Qu'est-ce qu'il a *pris* comme boisson ?（→ prendre）
  Nous *avons vu* un film américain très intéressant.（→ voir）

Leçon 5　Au marché

♪24

(Le matin, au marché)

La marchande : Bonjour, Madame. Tiens ? ...

Catherine : C'est une amie de Marie. Elle vient du Japon.

Catherine : Naomi, j'espère que tu aimes le fromage.

Naomi : Ah oui, j'aime beaucoup !

Catherine : Je vais prendre du camembert alors.
Je le trouve très bon.

(plus tard, à la maison)

Marie : Vous êtes allées au marché ?

Naomi : Oui, on a acheté des légumes et du fromage.

Marie : Génial. J'adore manger de bonnes choses.

Tiens ?　あら？
J'espère que 〜　〜だといいなと思う
J'aime (J'adore) ＋動詞不定法（原形）　〜することが好き
Génial　それはよかった

日本でも見かけるようになったマルシェ。フランスでは街の広場や大通りなどで週に2回開かれ、野菜や肉類、パンやお菓子、チーズだけでなく、花、衣服、雑貨など、ありとあらゆる物がそろう。何といってもお店の人とのちょっとした会話が醍醐味で、そうした買い物を楽しむ常連客がこの活気あふれる場を作っている。

Activités 5

Au marché

1 音声を聞き、テーマ別に分類しましょう。Écoutez et classez selon leur genre.

une tomate • une banane • les saucisses • une baguette
une carotte • une pomme • le jambon • une bouteille de vin rouge / blanc
une pomme de terre • une poire • le pâté • du camembert
une courgette • une pastèque • le saumon
une asperge • des cerises • la daurade (un filet de daurade)

①上記の語句に全て指示形容詞（ce, cet, cette, ces）をつけてみましょう。

やり取り

②次に、隣の人と店員・客に分かれて、やり取りをしてみましょう。Faites un jeu de rôle (marchand / client) en suivant l'exemple ci-dessous.

Exemple　Bonjour, madame, monsieur, vous désirez ?
　　　　　— Bonjour. Je vais prendre (cette pomme, ces cerises) ....
　　　　　— C'est tout ?
　　　　　— Je vais aussi prendre (cette bouteille de vin)

③隣の人と、やり取りしましょう Parlez avec votre voisin en suivant l'exemple ci-dessous :

Exemple　Qu'est-ce que tu vas manger à midi / ce soir ?
　　　　　— Je vais manger / prendre / cuisiner (un sandwich, un bento, un bol de nouilles, etc).
　　　　　— Je vais ...

Activités 5

Le week-end dernier et le week-end prochain

Les tâches quotidiennes
faire ses devoirs
travailler son français
faire le ménage

Loisirs
aller au cinéma, au musée
partir en voyage à + 町の名前
lire un roman
faire du sport
sortir avec des amis

やり取り

①隣の人と、先週末の出来事あるいは来週末の予定についてやり取りしましょう。Parlez avec votre voisin en suivant l'exemple ci-dessous :

Exemple
— Qu'est-ce que tu as fait le week-end dernier ?
— Le week-end dernier, je suis allée au cinéma avec mon ami. Et toi ?
— Moi, j'ai fait mes devoirs.

Exemple
— Qu'est-ce que tu vas faire ce week-end ? / le week-end prochain ?
— Je vais partir en voyage à Kobé. Et toi ?
— Moi, je vais dormir !

Exercices à l'écrit 5

1 主語を変えて近接未来の文章に書き直しましょう。

Attention ! Vous allez tomber.　Attention ! Tu _____

Ils vont faire leurs exercices de mathématiques.　Je _____

Je vais bientôt retourner en France.　Nous _____

Mon grand-père va couper cet arbre.　Mes voisins _____

2 複合過去（助動詞 être）を使って書き直しましょう。

Je (naître) à Paris. _____

Tu (déjà tomber) amoureux ? _____

Elle (devenir) rouge comme une tomate. _____

Il (partir) prendre l'air. _____

Elle (aller) au cinéma. _____

Heureusement, nous (arriver) à l'heure. _____

On (passer) chez vous. _____

Aujourd'hui, maman (mourir). _____

Grammaire 5

1 aller と venir の活用（直説法現在）

aller					venir			
je	vais	nous	allons		je	viens	nous	venons
tu	vas	vous	allez		tu	viens	vous	venez
il	va	ils	vont		il	vient	ils	viennent
elle	va	elles	vont		elle	vient	elles	viennent

2 近接未来

- 〈aller ＋動詞の不定法（原形）〉で作る。

  Nous *allons voyager* en Espagne cet été.
  Ma grand-mère va bientôt *avoir* quatre-vingts ans.

3 指示形容詞

男性名詞単数形	女性名詞単数形	複数形（男女共通）
ce livre (cet arbre)	cette revue	ces livres, ces arbres, ces revues

4 人称代名詞の直接目的と間接目的の形

主語	直接目的	間接目的	主語	直接目的	間接目的
je	me	me	nous	nous	nous
tu	te	te	vous	vous	vous
il	le	lui	ils	les	leur
elle	la	lui	elles	les	leur

- je, me, te, le, la は母音字（または無音の h）の前で j', t' l', l' となる。
- 動詞の直前に置かれる。

  Je t'aime.（直接目的）
  Qu'est-ce que tu *me* recommandes comme vin rouge ?（間接目的）

5 直説法複合過去（２）（être を助動詞とする場合）

aller			
je suis allé(e)		nous sommes allé(e)s	
tu es allé(e)		vous êtes allé(e)(s)	
il est allé		ils sont allés	
elle est allée		elles sont allées	

- 場所の移動・状態の変化を表す自動詞（aller, venir, partir, arriver, sortir, entrer, rentrer, devenir など）は原則として助動詞が être になる。
- être を助動詞とする場合、過去分詞は主語の性数に一致する。

  Elle est *arrivée* à Lyon hier soir.

Leçon 6 — Quelle robe préfères-tu ?

♪ 30

(Dans la chambre de Marie)

Marie : Naomi, quelle robe préfères-tu ?

Naomi : Je ne sais pas…Celle-ci, peut-être ?

Marie : La noire ?

Naomi : Non, la bleue. Elle est plus jolie et elle te va mieux.

Marie : Quelle bonne conseillère ! Je vais la mettre, alors.

Naomi : Qui vient à la soirée ?

Marie : Tu vas voir…

> Quel (Quelle) 〜 préfères-tu ?　どちらが好みですか
> Je ne sais pas.　分からない

おしゃれとは何だろう？ブランド店の並ぶパリだが、行き交う人を見ると、何が流行っているのか分かりにくい。よく見ると、流行を追うのではなく、自分の文脈に沿った服選びをする人が多いようだ。ちなみに、日本に比べて気温も年間を通して低いせいか、衣替えという風習はない。

Activités 6

Le costume parfait

やり取り　アドバイスする店員、注文する客になり、例にならって隣の人とやり取りしましょう。（気に入らない場合は、比較級を使って理由を説明すること。）理想の一枚に出会うまで続けましょう。Faites un jeu de rôle (vendeuse / client(e)) en suivant l'exemple ci-dessous.

Exemple
— Je propose une robe à fleurs. — Je préfère une robe plus courte. C'est plus joli.
— Alors je propose une jupe rose. — Je préfère le gris. C'est plus chic.
— Voilà une jupe grise. — Merci beaucoup.

Activités 6

Qui est-ce ?

étudiante
20 ans
lecture
français, anglais
Marie

lycéen
17 ans
jeux sur Internet, tennis
français, espagnol
Jean

architecte
46 ans
musique
français, allemand
Arnaud

1 空欄に疑問形容詞を書き入れ、上記の人物について答えましょう。Écrivez et répondez.
— ....est-ce ? → C'est......
— ....âge a-t-il / elle ? → Il / Elle a.......
— ....sont ses hobbies ? → Son hobby est.....
— ....langues parle-t-il / elle ? → Il / Elle parle ....et............

やり取り

2 以下の質問をして隣の人とお近づきになりましょう。Dialoguez avec votre voisin en lui posant les questions suivantes.
Exemple   Comment tu t'appelles ? / Quel âge as-tu ? / Qu'est-ce que tu fais comme hobbies ?
Combien de langues parles-tu ? / Et le français ?

Exercices à l'écrit 6

1 比較級を使って答えましょう。

Arnaud est jeune. (< Jean) _____

L'épisode 2 de ce film est drôle.(< l'épisode 1) _____

Le film est bien fait.(＝ roman) _____

Tokyo est propre.(＞ Paris) _____

Paris est une ville touristique.(＞ Tokyo) _____

Le prix du TGV est cher en France.(＜ Japon) _____

Les Français travaillent longtemps (＜ Japonais) mais ils sont productifs (＞ eux).
_____

L'IA* est intelligente. (＜ l'homme). _____

2 下線部に指示代名詞を書き入れましょう。

Où est le portable de Jean ? — _____ de Jean est sur le fauteuil.

Vous voulez cette robe à rayure ? — Non, _____ à fleurs.

Je t'ai dit de ranger ces livres ! — Mais ce sont _____ de papa !

Où sont les serviettes ? — _____ pour les invités sont au fond du tiroir.

*intelligence artificielle（人工知能）の略

Grammaire 6

1 疑問形容詞

男性単数	女性単数	男性複数	女性複数
quel	quelle	quels	quelles

- 「どの〜？」「どんな〜？」と尋ねる場合に用いる。

    Quel âge avez-vous ?（— J'ai dix-huit ans.）
    Tu rentres à *quelle* heure ?（— Je rentre à six heures.）

- 「なんて〜なんだろう！」という感嘆文を作ることもできる。

    Quelle chaleur !

2 指示代名詞

男性単数	女性単数	男性複数	女性複数
celui	celle	ceux	celles

- すでに話題にのぼっている名詞を受ける場合に用いる。必ず後ろに限定をともなう。

    Voici mon parapluie ; où est *celui* de Marie ?

- 遠近の区別を表す場合は語尾に -ci, -là をつける。

    Tu choisis quelle cravate, *celle-ci* ou *celle-là* ?

3 比較級

- plus (aussi, moins) ＋形容詞（副詞）＋ que ~

    Il est *plus* grand que son grand frère.（優等比較級）
    Cette montre est *aussi* chère *que* ma bague de fiançailles.（同等比較級）
    Elle vient ici *moins* souvent *que* sa sœur.（劣等比較級）

- bon の優等比較級は meilleur, bien の優等比較級は mieux を用いる。

    Je pense que les vins français sont *meilleurs que* les italiens.
    Tu chantes beaucoup *mieux que* moi.（beaucoup は比較の強調）

4 疑問副詞 quand

Quand partez-vous ?
Tu apprends le français depuis *quand* ?

5 疑問代名詞 qui, qui est-ce qui, qui est-ce que

Qui est-ce ?
Qui veut venir avec moi ?（= *Qui est-ce qui* veut venir avec moi ?）
Qui cherchez-vous ?（= *Qui est-ce que* vous cherchez ?）

Leçon 7 Dans la rue

♪33

Policier : S'il vous plaît, jeune homme ! Sortez vos papiers.

Karim : Hein ? Pardon ? Je ne les ai pas sur moi.

Policier : Veuillez me suivre au commissariat dans ce cas-là.

Karim : Ah non, je les ai dans mon sac !

(À la station de métro)

Karim : Je suis désolé d'être en retard. J'ai été interpellé au coin de la rue.

Marie : Ah bon ?

Naomi : Mais...pourquoi ?

Karim : Ça s'appelle le contrôle au faciès.

Marie : T'inquiète pas, on est avec toi.

Pardon ?　はい？
Veuillez ～（動詞）　～して頂けますか
dans ce cas-là　その場合は
Je suis désolé (de ～).　ごめんなさい
T'inquiète pas (Ne t'inquiète pas).　心配しないで

「移民大国」のイメージがあるフランス。実は移民（外国生まれで外国籍）はイギリスやドイツ、イタリアの方が多い。比較的多いのは移民の子孫（人口の11％）だが、フランス人なのに「移民2世」「移民系の若者」との呼び名がつきまとう。街に出ると、会話文のようなハプニングも、残念ながら目にすることがままある。

Activités 7

Protester en français

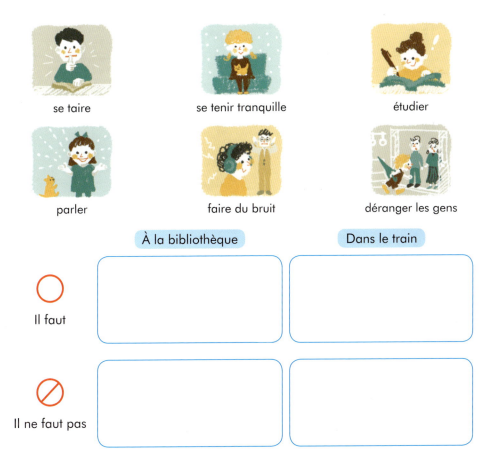

1. 表を、上の表現で埋めましょう。他にも思いつくものがあれば、今までに学んだ単語をつかって書き入れましょう。Remplissez le tableau.

2. ①（司書・利用者）又は（親・子）になり、命令形を使って隣の人に注意しましょう。Faites un jeu de rôle (bibliothécaire / usager, parent / enfant) en utilisant l'impératif.

Exemple　Ne parlez pas à haute voix.

②身に覚えのないことで責められました。これに対して、フランス語で抗議しましょう。何回かやりとりしましょう。Puis protestez contre cela.

Exemple　— Mais je n'ai rien fait ! / — Vous vous trompez, ce n'est pas moi.
　　　　　— Ce n'est pas juste !
　　　　　— C'est lamentable ! / — C'est inadmissible !

Activités 7

Décrivez votre journée

se lever　　se laver

se brosser les　　se dépêcher
dents / les cheveux

se maquiller　　se coucher

partir à l'université　　avoir des cours

déjeuner　　rentrer à la maison

（副詞）

ensuite　　puis

après　　avant

tôt　　tard

やり取り　隣の人に、ふだんの一日の流れをたずねましょう。Dialoguez avec votre voisin en suivant l'exemple ci-dessous.

— Comment passes-tu ta journée ?
— Le matin, ……………Puis à midi, ……………Le soir, ………………Et toi ?

Exercices à l'écrit 7

1 代名動詞を直説法現在に正しく活用して文章を書き直しましょう。

Je (s'inquiéter) car j'ai perdu mes clés. _____

Mon père (s'ennuyer) un peu après sa retraite. _____

Elle (se souvenir) de tout. _____

2 以下の文章を受動態に変えましょう。

Les résultats des examens m'ont déçu. _____

Ma mère repasse les chemises. _____

Le séisme a détruit ce quartier. _____

Des professeurs ont écrit ce livre. _____

3 最初の人称代名詞を目的語にして以下の文章を命令形に変えましょう。

(me, laisser) tranquille ! _____

(me, attendre) ! _____

(vous, dépêcher) ! On est en retard ! _____

S'il te plaît, (me, dessiner) un mouton. _____

Grammaire 7

1 命令形

- 一般に tu, nous, vous の直説法現在形から主語を省略することで作られる（tu の活用形で -es で終わるものと aller の vas は最後の s を取る）。

  Viens avec moi.
  Chantons ensemble.（英語の Let's 〜に相当）
  Faites attention !（faites → faire）
  Ne *marche* pas trop vite.（否定命令形）

- être, avoir, savoir, vouloir の４つは特殊な形をとる。♪36

être	avoir	savoir	vouloir
sois	aie	sache	veuille
soyons	ayons	sachons	veuillons
soyez	ayez	sachez	veuillez

  Sois sage !
  N'*ayez* pas peur.

- 肯定命令文が目的語人称代名詞をとる場合は後ろに置いて -（トレデュニオン）でつなぐ。
  このとき me は moi に変わる。

  Excusez-moi, Monsieur.
  Donne-moi un conseil, s'il te plaît.

2 受動態

- 〈être ＋他動詞の過去分詞〉で作る（過去分詞は主語の性数に一致する）。
- 動作主は普通 par で導くが、感情や状態を表す動詞の場合は de で導くことが多い。

  Ce soir, nous *sommes invités* à la réception *par* l'ambassadeur.
  Elle *est aimée de* tout le monde.

- 受動態の直説法複合過去：〈avoir の直説法現在 ＋ été ＋ 過去分詞〉

  Cette compagnie *a été fondée* par mon grand-père.

3 代名動詞（1）

活用（直説法現在）

se coucher ♪37

je	me	couche	nous	nous	couchons
tu	te	couches	vous	vous	couchez
il	se	couche	ils	se	couchent
elle	se	couche	elles	se	couchent

- 主語と同じものを表す人称代名詞（再帰代名詞）をともなう動詞。３人称の再帰代名詞は男女・単複とも se（母音字または無音の h の前では s'）になる。

  Je *m'appelle* Matsuda Seiko.
  Il *se lève* très tôt tous les matins.

Leçon 8 — Les amis

♪38

Marie : Je te présente donc mon ami, Karim, qui était dans la même classe que moi au lycée. Il est très sympa.

Karim : Salut ! On se fait la bise ?

Naomi : Ah ! non non ! … je ne suis pas habituée.

Karim : Ce n'est pas grave. Il faut tout essayer.

Marie : Je n'ai jamais compris combien de fois on fait la bise, ni par quelle joue commencer.

Marie : Au fait, il est quelle heure ?

Karim : Il est trois heures moins le quart.

Naomi : Il faut qu'on y aille, le film va commencer !

> Je te présente 〜．〜を紹介するね
> Ce n'est pas grave. 大したことないよ
> Au fait ところで
> Il faut qu'on y aille. 行かなくちゃ

フランスでは友人や知り合いと会うと挨拶に両頬にキス（Bise または Bisous）をする。地域によって１〜４回で、パリは２回の場合が多いが、人によって違うのでややこしい。コツは、ひとえに相手と呼吸を合わせることである。職場では握手ですませることが多い。

Activités 8

Les caractères

Adverbes	Les qualités		Les défauts	
très	sympa / gentil(le)	serviable	méchant(e)	possessif(ve) / jaloux(se)
vraiment	drôle / gai(e)	calme / silencieux(se)	difficile	hypocrite
trop	cool	ouvert(e)	égoïste	superficiel(le)
toujours	souriant(e)	réservé(e)	exigeant(e)	paresseux(se)
super / hyper (口語的)				

 隣の人に友達を紹介し、評価しましょう。Présentez les qualités et défauts de vos amis.

Exemple　Je te présente Karim. Il est très sympa.
　　　　Mais quelquefois, il est vraiment trop difficile.

Activités 8

Il est quelle heure ?
♪ 40

8 : 30   12 : 00   16 : 45   18 : 15

1 上の時刻を指し、隣の人に何時か聞いてみましょう。Désignez un des dessins et demandez à votre voisin l'heure.
Exemple Il est quelle heure ?   — Il est......................

2 次に、授業の開始・終了時間やふだんの1日の過ごし方について聞いてみましょう。Dialoguez avec votre voisin selon l'exemple qui suit.
Exemple Le cours de français commence à quelle heure ?
            — Il commence à ...., et il se termine à ....
Exemple Tu te lèves à quelle heure ? / Tu finis tes cours à quelle heure ? /
            Tu te couches à quelle heure ?

Exercices à l'écrit 8

1 次の命令形の文章を Il faut ～ / Il ne faut pas ～を使った文に変えましょう。

Essaie de tout manger. _____

Révise bien tes cours. _____

Ne t'inquiète pas. _____

Ne soyez pas en retard. _____

2 次の否定文に適切な語句を書き入れましょう。

Combien de livres as-tu ? — Je _____ sais _____ ......Beaucoup, en tout cas.
                                                            （もう～ない）

Il n'a _____ fait de mal à personne.（一度も～ない）

Je _____ ai _____ fait hier.（何も～ない）

_____ n'est venu à mon cours.（誰も～ない）

3 関係代名詞 qui を使って、二つの文を一つにまとめましょう。

Naomi est une fille. Elle vient du Japon. → _____

Céline est une amie. Elle est vraiment adorable. → _____

Ce sont des livres d'histoire. Ils m'intéressent beaucoup. → _____

C'est un manuel de français. Il n'est pas comme les autres. → _____

Grammaire 8

1 関係代名詞 qui
- 主語として用いられ、人でも物でも受けられる。

  J'ai une amie *qui* parle bien allemand.
  C'est une chanson française *qui* a eu beaucoup de succès au Japon.

2 非人称代名詞の il（1）
- 時刻を表す。

  Il est quelle heure ? — Il est onze heures et demie.
  【時刻の表現】（Il est 〜 に続けて）
  　　0 時：minuit
  　　2 時 10 分：deux heures dix
  　　3 時 15 分：trois heures quinze ; trois heures et quart
  　　4 時 30 分：quatre heures trente ; quatre heures et demie
  　　5 時 40 分：cinq heures quarante ; six heures moins vingt
  　　6 時 45 分：six heures quarante-cinq ; sept heures moins le quart
  　　正午：midi

- 成句的表現を作る。

  Il *faut* travailler beaucoup pour gagner de l'argent. (faut → falloir)
  Ah ! il est déjà neuf heures passées. Il *faut* que je parte maintenant.（il faut que の後の動詞は接続法と呼ばれる形になる ; parte → partir）（接続法は Leçon12 p.51）

3 疑問副詞 combien
- 数や値段などを尋ねる。名詞は de で導く。

  Tu as *combien* de dictionnaires français-japonais ?
  Combien de fois avez-vous visité Londres ?
  C'est combien ? (= Combien ça coûte ? / Ça coûte combien ?)

4 否定のヴァリエーション

  Tu *n*'es *jamais* allée en Europe ?（一度も・・・ない）
  Ça va mieux, je *n*'ai *plus* mal à la tête.（もう・・・ない）
  Je *n*'ai *rien* mangé depuis hier soir.（何も・・・ない）
  Il *n*'y a *personne* dans le salon.（誰も・・・ない）
  Je *n*'ai *ni* chaud *ni* froid.（・・・も・・・もない）

5 場所を示す代名詞 y

  Tu vois cette maison blanche ? Ma tante *y* habite depuis l'année dernière.
  On *y* va.

Leçon 9 — Au restaurant

♪ 41

Garçon : Messieurs, dames ?
Marie : Je vais prendre un steak frites.
Karim : Moi, le steak tartare.
Naomi : Je voudrais la même chose, avec une salade.
Garçon : Ce sera tout ?
Marie : Est-ce qu'on pourrait avoir de l'eau aussi ?
Garçon : Bien sûr.

Garçon : Vous m'avez demandé ?
Karim : L'addition, s'il vous plaît !
Marie : C'est combien en tout ?
Garçon : C'est quarante cinq euros.

> Ce sera tout ?　以上ですか？
> L'addition, s'il vous plaît.　お会計おねがいします
> C'est combien en tout ?　全部でいくらですか？

> ふだんはそれほど外食しないパリっ子も、どこかへ行く前は、友人同士でカフェやちょっとしたレストランで腹ごしらえすることが多い。ちなみに乾杯をする時、何となくコップを見てしまうものだが、相手の顔（特に目）をしっかり見るのが礼儀だ。

Activités 9

Commander

フランスの食事は朝食などかんたんなものを除いて、学校の給食でも必ず l'entrée（前菜）
→ le plat principal（主菜）→ le dessert（デザート）という流れで食べます。

1 下の空欄を vouloir、prendre、pouvoir の近接未来か条件法現在を使って埋めましょう。
Complétez avec vouloir, prendre ou pouvoir.

— Madame / Monsieur ?
— Oui, bonjour, je (　　　　) une salade.
— Et comme plat principal ?
— Je (　　　　) le plat du jour.
— Un dessert ?
— Je (　　　　) la tarte aux fruits. Je (　　　　) aussi avoir une carafe d'eau ?
— Très bien.

やり取り

2 隣の人とウェイター・客になって、上記のやり取りをしてみましょう。下線部の語は必要に
応じて変えましょう。Reprenez le dialogue ci-dessus, et faites un jeu de rôle avec
votre voisin.

Activités 9

Combien ça coûte ?

un café
2,30 euros

un diabolo-menthe
4 euros

un panaché
6 euros

1 続いて、お勘定を頼みましょう。下線部は必要に応じて変えましょう。Dialoguez avec votre voisin en suivant l'exemple ci-dessous.
— L'addition, s'il vous plaît !…C'est combien ?
— Ça fait <u>15 euros</u> en tout.

やり取り

2 隣の人に、身につけているものや使っているものがいくらか聞いてみましょう。Posez des questions à votre voisin sur le prix de ses affaires.
Exemple — Combien a coûté ce tee-shirt ?
— Ça a coûté 1.200 yens environ.

3 Les nombres de 30 à 1.000
30 trente   40 quarante   50 cinquante   60 soixante   70 soixante-dix
80 quatre-vingts   81 quatre-vingt-un …90 quatre-vingt-dix
91 quatre-vingt-onze…   100 cent   1.000 mille

Exercices à l'écrit 9

下線に pouvoir 又は vouloir を、直説法現在又は条件法現在で活用して、書き入れましょう。

1. Qu'est-ce que tu _____ faire aujourd'hui ?
   — Je _____ aller au cinéma.
2. _____ -vous revenir un autre jour ?
3. Si tu _____, je _____ t'accompagner chez le médecin.
4. _____ -vous encore du dessert ?
5. Les touristes _____ se rendre à l'aéroport en RER.
6. Nous _____ réserver des places pour 3 personnes.
7. Quand on _____, on _____.

Grammaire 9

1 条件法現在
- 語幹は直説法単純未来（→ 14 課）と同じ。語尾活用はすべての動詞に共通（-rais, -rais, -rait, -rions, -riez, -raient）。
- ある条件のもとに想定される非現実のことがらを表す。
  Avec assez d'argent, j'*achèterais* une voiture de luxe.
- 意思や依頼を丁寧に表す。（→ 2、3）

2 vouloir の活用 ♪45

直説法現在

je	veux	nous	voulons
tu	veux	vous	voulez
il	veut	ils	veulent
elle	veut	elle	veulent

条件法現在

je	voudrais	nous	voudrions
tu	voudrais	vous	voudriez
il	voudrait	ils	voudraient
elle	voudrait	elles	voudraient

Je *veux apprendre* le français au lycée.

- 条件法は丁寧に自分の意思を表明したり相手に依頼をしたりするときに用いる。
  Je *voudrais* vous inviter à dîner samedi prochain.
  Voudriez-vous m'expliquer pourquoi vous êtes contre ce projet ?

3 pouvoir の活用 ♪46

直説法現在

je	peux	nous	pouvons
tu	peux	vous	pouvez
il	peut	ils	peuvent
elle	peut	elles	peuvent

条件法現在

je	pourrais	nous	pourrions
tu	pourrais	vous	pourriez
il	pourrait	ils	pourraient
elle	pourrait	elles	pourraient

Je ne *peux* pas accepter votre proposition.
Tu *peux* m'appeler demain matin ?

- 条件法は丁寧な依頼などをするときに用いる。
  Est-ce que je *pourrais* vous demander de l'aide ?
  Pourriez-vous fermer la porte, s'il vous plaît ?

4 非人称の il（2）
- faire を動詞として天候を表す。
  Quel temps *fait-il* à Paris aujourd'hui ?
  — Il fait beau.（天気がいい）　　— Il fait mauvais.（天気が悪い）
  — Il fait chaud.（暑い）　　　　— Il fait froid.（寒い）
  — Il fait doux.（暖かい）　　　　— Il fait frais.（涼しい）
  ＊faire の活用は 11 課（p.45）参照

- il だけを主語にして天気を表す特殊な動詞もある。
  Il pleut.（雨が降っている → pleuvoir）
  Il neige.（雪が降っている → neiger）

Leçon 10 La sortie

♪47

Naomi : Qu'est-ce qu'on fait maintenant ?

Karim : Bah...rien ! Pourquoi ?

Naomi : Ah ! Parce qu'au Japon, on fait plusieurs restaurants.

Karim : Et bien ici, on aime tout simplement discuter entre amis...

Marie : Tu connais la Bellevilloise ? Si on y allait ?

Karim : J'y suis déjà allé la semaine dernière.

Marie : Ah bon ? C'était comment ?

Karim : C'était un coin très convivial, mais il y avait trop de monde.

---

on fait plusieurs restaurants　何軒もハシゴする
tout simplement　ただ単に
entre amis　友達同士で
si on allait 〜　〜に行くのはどう？

友達との語らいの時間が大事にされるフランスでは、よく soirée や apéro が開催される。それぞれがお互いの友達を連れて来ることも歓迎される。そんな場に必ず一人はいる気の合わない人。相槌（あいづち）もうてなくなり、もうダメだ！と思ったら、« Je vais prendre des boissons. » « On s'appelle ce soir ? » と言い、さっと立ち去ろう。

Activités 10

C'était comment ?

評価の度合い

excellent   bien   moyen   nul

評価するものを表す形容詞

intéressant   drôle   amusant   triste

やり取り 最近読んだ本・見た映画・ドラマ・TV 番組などについて、隣の人とやり取りしましょう。Parlez avec votre voisin en suivant l'exemple ci-dessous :

Quel(le) est le dernier livre / film / émission de télé que tu as lu(e)/ vu(e) ?
— J'ai lu / vu _____ .
— C'était comment ?
— C'était _____ parce que c'était _____

Que faisais-tu comme activité extra-scolaire quand tu étais petit(e) ?

jouer du piano / prendre des cours de piano
faire du football
prendre des cours de natation / nager
lire beaucoup
faire du sport
faire du base-ball
s'ennuyer
dessiner / peindre des tableaux   faire du tennis   jouer avec ses frères / sœurs

やり取り 半過去を使って、子どもの頃好きだった活動について話しましょう。Racontez votre enfance en suivant l'exemple ci-dessous.

Exemple — Quand j'étais petit(e), je jouais souvent du piano. J'aimais beaucoup ça. Et toi ?

Activités 10

Proposer une sortie

manger ensemble   lundi   mardi   mercredi
prendre un café   jeudi   vendredi   samedi
aller à un parc d'attraction   dimanche

Avec plaisir !
Volontiers.
Pourquoi pas ?

Bof !
Je suis désolé(e), je dois travailler.
Je suis désolé(e), je n'ai pas le temps.

やり取り

Et si on allait 〜の言い回しと曜日を使って、隣の人を誘ってみましょう。
肯定または否定で答えましょう。Parlez avec votre voisin en suivant l'exemple ci-dessous :

Exemple   — Et si on mangeait ensemble mardi ?
　　　　　— Pourquoi pas ?

Exercices à l'écrit 10

1 (　)の中の動詞を適切な時制（半過去・複合過去）の形にして、文を完成させましょう。

Je ne (savoir) pas que tu (pouvoir) cuisiner. _____

Tu (habiter) où avant ? _____

Marcel (manger) souvent des madeleines trempées dans du thé.

_____

Nous (être) devant la station quand tu (téléphoner). _____

Que (faire)-vous au moment des faits ? _____

Ils (se quitter) : ils ne (s'entendre) plus. _____

Il (être) une fois un roi et une reine. _____

2 正しい順番に戻して、意味の通る文章に書き直しましょう。

Ça / va / comment / ? _____

As-tu / comment / pour / fait / l'examen / réussir / ? _____

Ce / était / restaurant / comment / ? _____

Grammaire 10

1 直説法半過去

être ♪51

j'	étais	nous	étions
tu	étais	vous	étiez
il	était	ils	étaient
elle	était	elles	étaient

avoir ♪52

j'	avais	nous	avions
tu	avais	vous	aviez
il	avait	ils	avaient
elle	avait	elles	avaient

- être 以外は直説法現在の nous ～ の形から作る。語尾活用はすべての動詞に共通。

  aimer → j'aimais, tu aimais, ...   choisir → je choisissais, tu choisissais, ...
  aller → j'allais, tu allais, ...   venir → je venais, tu venais, ...
  vouloir → je voulais, tu voulais, ... pouvoir → je pouvais, tu pouvais, ...
  faire → je faisais, tu faisais, ...   savoir → je savais, tu savais, ...

- 過去のある時点で継続中であった行為や状態を表す。

  On *travaillait* à Paris il y a dix ans.（il y a ＋時間は「～前」の意）
  Il *regardait* la télé quand je suis rentré.

- 過去において反復された習慣的行為を表す。

  Quand j'étais lycéen, j'*allais* souvent au cinéma avec mes amis.

- si ＋直説法半過去で「～しませんか」という提案・勧誘の表現になる。

  Si on *allait* au concert ce soir ?（— Avec plaisir !／Volontiers !／Pourquoi pas ?）

2 疑問副詞 pourquoi

- 理由を尋ねる。答えは一般に parce que ～ で導く。

  Pourquoi tu n'es pas venu à la réunion ?　— *Parce que* j'étais très occupé.

3 疑問副詞 comment

- 状態や感想、方法などを尋ねる。

  Comment allez-vous ?（— Je vais très bien, merci.）
  Comment avez-vous trouvé la Joconde de Léonard de Vinci ?（— Je l'ai trouvée vraiment impressionnante.）
  Comment faire pour aller plus vite à la Gare du Nord ?
  ＊＜ Comment ＋動詞不定法＞でそのまま疑問文を作ることができる。

4 connaître の活用

connaître（過去分詞 connu） ♪53

je	connais	nous	connaissons
tu	connais	vous	connaissez
il	connaît	ils	connaissent

Tu *connais* cet acteur ?

Leçon 11 La manif'

♪54

(Un jour, dans la rue...)

Naomi : Tiens, qu'est-ce qu'ils font là-bas ? Il y a de la musique. On dirait une fête.

Karim : Oui, en quelque sorte. C'est le sport national des Français.

Marie : Arrête de plaisanter. C'est une manifestation. Les gens protestent contre une réforme du Code du Travail. On y va aussi ?

Naomi : On ne va pas se faire arrêter par la police ?

Marie : Quelle idée ! On a le droit de manifester en France.

Karim : Oui, quand les choses vont mal, il faut le faire, sinon...

Quelle idée ! 何て(変な)考えなの？
on a le droit de 〜　〜する権利がある

フランスと言えばデモ、というくらいデモは当たり前で日常的な行為。高校生が参加することも多く、法案が廃案に追いやられたこともある。お祭りのような雰囲気だが、年金改悪や移民の強制送還への反対など、主張はしっかりする。誰でも気軽に参加でき、社会的連帯を理屈ではなく、肌で感じることができる。

Activités 11

Les métiers

médecin

écrivain

designer

fonctionnaire

chercheur(se)

député(e)

entrepreneur(se)

informaticien(ne)

ingénieur(e)

PDG(président-directeur général)

＊女性形のない名詞はそのまま女性にも用いる。

やり取り

1 隣の人に、将来、何になりたいのか聞いてみましょう。Dialoguez avec votre voisin selon l'exemple suivant :

Exemple
— Qu'est-ce que tu voudrais faire plus tard ?
— Je voudrais être ………
— Pourquoi ?
— Parce que …………

2 あなたはフランスの大統領です。大統領・記者に分かれ、下記の選択肢から文章を適切につなげ、政策をアピールしましょう。他にも思いつくものがあれば、言ってみましょう。Vous êtes le président de la République française. Faites un discours en vous servant des éléments suivants :

Que souhaitez-vous faire ?

Je voudrais…	parce que…	
・lutter contre la pauvreté	・tout le monde	・a (ont) le droit de vivre dignement.
・lutter contre les discriminations	・toutes les femmes	・a (ont) le droit de recevoir une éducation.
・résoudre le problème d'éducation	・tous les enfants	・a (ont) le droit de travailler.

Activités 11

Quels droits avons-nous ?
♪ 57

1 下線部を avoir le droit de 〜を用いて、適切な文章に変えましょう。Réécrivez les phrases avec l'expression "avoir le droit de".
① Les fonctionnaires peuvent faire la grève. _____
② Les fonctionnaires ne peuvent pas faire la grève. _____
③ On peut prendre 5 semaines de congés payés. _____
④ On peut prendre environ 2 semaines de congés payés. _____
⑤ On peut recevoir une allocation logement, même si on est étudiant. _____
⑥ On ne peut pas recevoir d'allocation logement. _____
⑦ On peut obtenir plusieurs prestations familiales, en plus des allocations familiales. _____
⑧ On peut obtenir l'allocation pour enfant. _____

2 上記の文章からそれぞれ当てはまるものを下の表に書き入れましょう。Remplissez le tableau.

En France	Au Japon

Exercices à l'écrit 11

1 下の語句を正しい順番に戻しましょう。

« La France / laïque, / est / indivisible, / une République / et / démocratique / sociale. »

_____

2 下線部に中性代名詞 le、又は特殊な代名詞 en を書き入れ、文章を完成させましょう。

J'ai apporté des bouteilles de vin. Il y _____ avait beaucoup chez moi.

Qui a inventé l'écriture ? On ne _____ saura jamais.

Je suis allé chez mon oncle. J' _____ reviens ce matin même.

Faut-il vraiment participer à cet évènement ? — Oui, il _____ faut.

Grammaire 11

1 中性代名詞 le
- 前に出てきたことがらの内容、動詞、形容詞などを受ける。

    Elle s'est mariée avec un Français. — C'est vrai ? Je ne *le* savais pas.
    Tu peux utiliser mon ordinateur quand tu *le* veux.
    Vous n'êtes pas fatiguée ? — Si, je *le* suis.（形容詞が女性形や複数形でも不変）
    ＊否定形で聞かれて肯定で答える場合は oui ではなく si を用いる。

2 代名動詞（2）
- se faire ＋動詞で、「してもらう」「〜される」の意になる。

    Je vais me *faire couper* les cheveux chez le coiffeur.

3 faire の活用（直説法現在）

faire（過去分詞 fait）

je	fais	nous	faisons [nufəzɔ̃]
tu	fais	vous	faites
il	fait	ils	font
elle	fait	elles	font

Qu'est-ce que vous *faites* dans la vie ?（職業を尋ねる表現）
J'*ai fait* des achats au grand magasin.

4 dire の活用（直説法現在）

dire（過去分詞 dit）

je	dis	nous	disons
tu	dis	vous	dites
il	dit	ils	disent
elle	dit	elles	disent

On *dit* que le Président de la République va visiter le Japon le mois prochain.
Pardon ? Qu'est-ce que vous *avez dit* ?

- On dirait 〜（条件法現在）は、「まるで〜みたいだ」という意味の熟語表現。

    Qu'est-ce qu'elle est belle ! On *dirait* une actrice.
    ＊qu'est-ce que ＋文で感嘆を表すことができる。

5 特殊な代名詞 en
- 不定冠詞、部分冠詞、数詞、数量副詞 etc. ＋名詞を受ける。

    Avez-vous des frères ? — Oui, j'*en* ai un.
- 〈前置詞 de ＋他の諸要素〉を受ける

    Venez-vous d'Italie ? — Oui, j'*en* viens.

Leçon 12 — Les retrouvailles après les vacances

Marie : Tu as passé de bonnes vacances ?

Estelle : Oui, j'ai été pendant tout le mois d'août chez ma mamie en Auvergne. Il faudrait que vous veniez un jour.

Naomi : C'est loin ? Ça met combien de temps ?

Estelle : Ça met environ trois heures en train, plus vingt minutes en voiture, à peu près. J'adore ce pays. C'est l'endroit le plus tranquille de France.

Marie : Ah oui ?

Estelle : Oui, la vie s'écoule plus lentement.
À Paris, les gens sont trop pressés, mais j'essaie de me dire que j'ai toujours le temps.

Karim : Hé Estelle, on va prendre un verre ?

Estelle : Non, je n'ai pas le temps !

Ça met combien de temps ?
　　　　どれくらい時間がかかるの？（カジュアルな表現）
à peu près　だいたい
j'ai le temps　⇔　je n'ai pas le temps　時間がある⇔ない

フランス人のバカンスの長さは、多くの日本人にとって衝撃的だろう。小学校から大学まで、夏は約2か月、新学期以降はほぼ2か月おきに2週間の休みがあり、社会人になっても、法定休暇が（育休などとは別に）5週間もあるのだから！ 有給消化率も世界でダントツなのに、社会はちゃんとまわっている。

Activités 12

Les saisons et les mois

 休み中は何をしましたか？例にならい、必要に応じて下線部の言葉を入れ替えて、隣の人とやり取りしましょう。Parlez de vos vacances avec votre voisin.

Exemple — Qu'as-tu fait pendant les vacances, en août ? / le 14 juillet ? / à Noël ?
— J'ai voyagé. Je suis allé(e) à Paris.

Les moyens de transport

1 上記のやり取りを踏まえ、隣の人とやり取りしましょう。Décrivez les moyens de transport selon l'exemple suivant :

Exemple — Ça met combien de temps pour y aller ?
— Ça met 12 heures en avion. / C'est 12 heures d'avion.

Activités 12

2 前のページでのやり取りを踏まえ、接続法現在を使って、隣の人におススメを紹介しましょう。♪ 63

Dialoguez avec votre voisin en suivant l'exemple ci-dessous :

Exemple — C'était bien ?
— Oui, il faudrait que tu viennes, il y a beaucoup de choses à voir. /
Il faudrait que tu voies la tour Eiffel !

フランス

Paris — la tour Eiffel   la Normandie — le Mont Saint-Michel

日本

Kyoto — Kiyomizudera   Nikko — Toshogu   Kamakura — Daïbutsu

Exercices à l'écrit 12

1 （ ）内の動詞を接続法現在に変え、文章を完成させましょう。

Il faut que je te (dire) une chose importante. _____

Il faudrait que tu (faire) attention aux fautes d'orthographe. _____

Tu pourras réussir, à condition que tu (avoir) confiance en tes capacités. _____

Emmène-moi sur la terrasse, pour que je (pouvoir) voir le paysage. _____

2 最上級を用いて文章を完成させましょう。

L'hiver est la saison (+ froide) de l'année. _____

Le (+ bon) film a été récompensé de la Palme d'Or. _____

C'est le livre le (− intéressant) que j'aie pu lire. _____

Les sports (+ populaire) en France sont le football et le rugby. _____

« Miroir, mon beau miroir, dis-moi qui est (+ belle) ? » « C'est vous, madame la Reine ». _____

Grammaire 12

1 接続法現在

- il faut（faudrait）que ~ の後などに文を続ける場合に用いる動詞の形。主要な動詞は活用が不規則な場合が多いので文ごと覚えてしまったほうがよい。

être				♪64
je	sois	nous	soyons	
tu	sois	vous	soyez	
il	soit	ils	soient	
elle	soit	elles	soient	

avoir				♪65
j'	aie	nous	ayons	
tu	aies	vous	ayez	
il	ait	ils	aient	
elle	ait	elles	aient	

aller				♪66
j'	aille	nous	allions	
tu	ailles	vous	alliez	
il	aille	ils	aillent	
elle	aille	elles	aillent	

venir				♪67
je	vienne	nous	venions	
tu	viennes	vous	veniez	
il	vienne	ils	viennent	
elle	vienne	elles	viennent	

Il faut que nous *soyons* plus prudents.
Il faudrait que tu *ailles* chez ton oncle ce week-end.

2 最上級

- 定冠詞 + plus (moins) + 形容詞（副詞）+ de ~

  Le mont Fuji est *la plus haute* montagne *du* Japon.
  Jeanne court *le moins vite de* la classe.（副詞の最上級では主語が女性名詞でも定冠詞は常に le）

- bon の最上級は le(la) meilleur(e), bien の最上級は le mieux

  C'est *le meilleur* restaurant italien *du* quartier.
  Elle parle français *le mieux de* sa famille.

3 mettre の活用（直説法現在）

mettre（過去分詞 mis）				♪68
je	mets	nous	mettons	
tu	mets	vous	mettez	
il	met	ils	mettent	

Vous *mettez* la valise à côté du lit.

Leçon 13 La rentrée

Estelle : Bonjour. On se voit enfin à l'université !

Naomi : Oui. Au fait, qu'est-ce que tu étudies ?

Estelle : Moi je suis scientifique. Je me suis toujours intéressée aux technologies de pointe.

Naomi : Ah bon ?

Estelle : Eh oui, la France est aussi un pays très scientifique !

Naomi : Et toi Karim ? Tu es aussi un matheux ?

Karim : Non. J'aurais voulu être architecte si j'avais eu de meilleurs résultats en maths.
En fait, je suis étudiant en sociologie car je m'intéresse au problème de la banlieue.
Et toi ?

Naomi : Je vais étudier la littérature française. D'ailleurs, j'ai un entretien avec mon prof mardi prochain.

Je m'intéresse à 〜．　〜に興味がある
en fait　実際は
Je suis étudiant en 〜．　〜の専攻です
d'ailleurs　それで

文学のイメージが強いフランスだが、科学技術の国でもある。戦後から国家主導で研究に注力してきており、多様な研究機関・高速鉄道（TGV）・航空機（Airbus）・原子力発電などに結実した。近年は停滞気味のようだが、数学で強みを保持しており、AI 研究やバイオテクノロジーでも巻き返しをはかっている。

Activités 13

Quelle est ta filière ?

Littéraire

 lettres
 philosophie
 sociologie
 anthropologie

 histoire
 droit
 économie
 sciences politiques

Scientifique

 mathématiques
 physique
 chimie
 ingénierie
 médecine

 隣の人と、所属している学部・勉強で関心のある領域についてやり取りしましょう。
Dialoguez avec votre voisin en suivant l'exemple ci-dessous.

a) — Qu'est-ce que tu étudies ?
   — J'étudie ………… / Je suis étudiant en …………
   — Ma spécialité est …………………

b) — À quoi tu t'intéresses ?
   — Je m'intéresse à ……………… / Le thème qui m'intéresse est …………
   — C'est intéressant !

Activités 13

Raconte tes rêves

❶ avoir を適切な法・時制に活用させ、文章を完成させなさい。Conjuguez le verbe avoir au temps approprié.

> — Qu'est-ce que tu fais dans la vie ?
> — Je suis étudiant en mathématiques.
> — Qu'est-ce que tu (avoir) fait si tu n'(avoir) pas choisi cette filière ?
> — J'(avoir) aimé devenir peintre.

やり取り

❷ 現在勉強していること以外に、やってみたかったことはありますか。隣の人とやり取りしてみましょう。Dialoguez avec votre voisin en suivant l'exemple ci-dessous.
— Qu'est-ce que tu aurais aimé faire d'autre ?
— J'aurais (aimé / voulu) (faire / être)…….., parce que …….. / J'aurais choisi la même chose, parce que …………………

Exercices à l'écrit 13

❶ 以下の代名動詞を複合過去にして、文章を完成させましょう。

Je (s'apercevoir) que j'avais laissé mon portefeuille chez moi. _____

À la vue d'un inconnu, le petit garçon (se blottir) contre sa maman. _____

Nous (se parler) pour régler nos comptes. _____

Vous (s'amuser bien) à la soirée ? _____

❷ 助動詞 avoir 又は être を使い、( ) 内の動詞を条件法過去に活用させて文章を完成させましょう。

Pourquoi tu ne m'as rien dit ? Je t'(aider). _____

Lui aussi, il (vouloir) être médecin. _____

Tu (pouvoir) me dire merci au moins ! _____

Si tu n'étais pas si occupé ce soir, nous (aller) au cinéma ensemble. _____

Ils étaient contents : sans toi, ils ne pas (se revoir). _____

Grammaire 13

1 代名動詞（3）

se réveiller ♪72

je	me suis	réveillé(e)	nous	nous	sommes	réveillé(e)s
tu	t'es	réveillé(e)	vous	vous	êtes	réveillé(e)(s)
il	s'est	réveillé	ils	se	sont	réveillés

- 代名動詞を複合過去形にする場合、助動詞はすべて être になる。再帰代名詞が直接目的の場合、過去分詞は主語の性数に一致する。

  Tu *t'es réveillé* à quelle heure ce matin ?
  Ils se sont *arrêtés* devant la porte.
  Elle *s'est lavé* les mains au savon.（laver の直接目的語は les mains であり、se は間接目的語なので、過去分詞は変化しない）

2 条件法過去

- 〈複合過去を作るときの助動詞（avoir または être）の条件法現在＋過去分詞〉

  aimer → j'aurais aimé, tu aurais aimé, …
  aller → je serais allé(e), tu serais allé(e), …

- すでに起きてしまったことに対して「～すればよかった」「～できたはずなのに」などの意を表す。

  J'*aurais voulu* devenir médecin.
  Tu *aurais pu* arriver ici plus tôt.

- ある条件のもとに実現したかもしれない（しかし実現しなかった）ことがらを表す。条件は仮定・条件を表す副詞句や〈si ＋直説法大過去〉で表すことができる。

  Sans toi, on n'*aurait* pas réussi.
  Si j'avais été plus riche, j'*aurais* acheté une villa en Normandie.（直説法大過去→ p.63）

3 voir の活用（直説法現在）♪73

voir（過去分詞 vu）

je	vois	nous	voyons
tu	vois	vous	voyez
il	voit	ils	voient

Tu *vois* le Mont-Blanc par la fenêtre.
Hier, j'*ai vu* un film très intéressant.

Leçon 14　L'entretien

Le professeur : Quel est votre sujet de recherche ?

Naomi : Je voudrais me spécialiser en littérature en étudiant les œuvres de Victor Hugo.

Le professeur : Très bien. Je vous conseille de visiter la Maison de Victor Hugo sur la Place des Vosges, à moins que vous n'y soyez déjà allée.

Naomi : Je m'intéresse plus largement au Paris du 19ème siècle.

Le professeur : Là vous serez servie ! Il faudrait que vous fassiez un tour des passages, qui transmettent bien l'atmosphère de cette époque. On peut les visiter même s'il pleut.

> à moins que ～（接続法）　～でなければ
> vous serez servi(e)(s)　役に立つだろう

先生おススメの鉄骨ガラス張りの屋根に覆われた passages のほとんどは、19世紀の前半に作られ、150ほどあったものが、今でも25現存し、観光客に人気である。ここで思い出すのが、Errer est humain, flâner est parisien. (Hugo) だ。ふらふらと、flâneur になるのも良いだろう。

Activités 14

Quel temps fait-il ?

Il fait beau.   Il pleut.   Il y a du vent.   Le ciel est couvert (nuageux).   Il neige.

Il fait chaud.   Il fait frais.   Il fait froid.   Le temps est humide.   Le temps est sec.

①隣の人と、単純未来を使って下記のようなやり取りをしましょう。下線部は適宜入れ替えること。Dialoguez avec votre voisin en suivant l'exemple ci-dessous.

Exemple — Que feras-tu s'il pleut demain ?
— S'il pleut, (j'annulerai ma sortie).

②友達からメッセージが届きました。天候を理由に、誘いに乗る・断る返事を書きましょう。
Vous avez reçu un message. Imaginez une réponse.

> Coucou. Tu es libre demain ?

> Oui, pourquoi ?

> Super ! On va faire un pique-nique au Champ de Mars. Tu viens avec nous ?

Exemple — Ah, super ! Il fait beau et ça va me changer les idées.
— C'est une bonne idée ! En plus, il ne fait pas trop chaud.
— Je n'ai pas trop envie...il fait un peu froid.

Activités 14

L'entretien

| Monsieur | Madame | Messieurs | Mesdames |

1 隣の人と学生・教師（面接官）役に分かれ、挨拶しましょう。Vous êtes (étudiant / professeur). Saluez-vous.

Exemple
— Bonjour Monsieur / Madame.
— Bonjour.
— Je me présente. Je m'appelle.......................

2 面接官の質問に答えましょう。Répondez aux questions du professeur.

Exemple
a) Quelle est votre spécialité ?
b) Est-ce que vous êtes déjà allé en France ? (Qu'avez-vous apprécié ?)
c) Parmi les livres que vous avez lus, lequel est intéressant ? Pourquoi ?

Exercices à l'écrit 14

1 下線部の動詞をジェロンディフに書き換えて文章を完成させましょう。

Ils discutent <u>alors qu'ils boivent leur café</u>. _____

Tu fais tes devoirs <u>et tu écoutes de la musique</u> ? _____

<u>Si vous prenez cette avenue</u>, vous arriverez sur la place de la Concorde. _____

Il a fait semblant de ne rien savoir, <u>alors qu'il sait la vérité</u>. _____

<u>Je suis sortie de chez moi</u>, et je me suis aperçue que j'avait laissé mes clés sur la table. _____

2 (　) 内の動詞を単純未来に変えて文章を完成させましょう。

Tu (pouvoir) voter quand tu (avoir) 18 ans. _____

Demain, nous (aller) prendre un verre ensemble. _____

Je n'(oublier) jamais ce qui m'est arrivé aujourd'hui. _____

3 (　) 内の動詞を接続法過去に変えて文章を完成させましょう。

Je ne crois pas qu'il (avoir fini) ses exercices. _____

Je te ferai à manger à condition que tu (être rentré) à l'heure. _____

Il n'y a plus de place, à moins que vous (avoir déjà réservé). _____

Grammaire 14

1 ジェロンディフ

- 〈en ＋ 現在分詞〉で作り、主文と同時に並行しておこなわれている行為や条件、方法などを表す。主語は主文の主語と同じ。
- 現在分詞の語尾はすべて〈− ant〉

    être → étant   avoir → ayant   savoir → sachant
    marcher → marchant   finir → finissant
    J'ai rencontré Pierre *en rentrant* de la fac.
    Tu peux y aller *en prenant* l'autobus.

- 代名動詞の場合は現在分詞の前に主語に対応する再帰代名詞を置く。

    En vous dépêchant, vous arriverez à temps.

2 直説法単純未来

- 語尾活用はすべての動詞に共通。語幹は不規則な場合が多い。

être				avoir			
je	serai	nous	serons	j'	aurai	nous	aurons
tu	seras	vous	serez	tu	auras	vous	aurez
il	sera	ils	seront	il	aura	ils	auront
elle	sera	elles	seront	elle	aura	elles	auront

venir → je viendrai, tu viendras, ...
faire → je ferai, tu feras, ...
pouvoir → je pourrai, tu pourras, ...

- 未来に起こるであろうことがらを表す。tu, vous を主語にして軽い命令や要望を表すこともできる。

    Ce *sera* la dernière occasion.
    Ils *auront* un bébé en septembre.
    Tu *viendras* chez moi demain à sept heures.

3 接続法過去

- ＜複合過去を作るときの助動詞（avoir または être）の接続法現在＋過去分詞＞

    manger → j'aie mangé, tu aies mangé, ...
    arriver → je sois arrivé(e), tu sois arrivé(e), ...

- 主節の動詞にたいしてそれ以前に完了している（はずの）ことがらを表わす。

    Je suis content que ma fille *se soit fiancée* avec Paul.

Leçon 15 — La discussion

♪80

Marie : Tu parles très bien français maintenant ! Tu as bien fait de venir en France.

Naomi : Il ne s'agit pas seulement de pouvoir bien parler.

Marie : Ah bon ?

Naomi : Par exemple, j'ai pu voir des choses complètement différentes de mon pays. En fait, pratiquer le français me permet de penser et sentir différemment, et d'avoir ainsi un autre point de vue sur le monde. J'ai finalement découvert que la langue est indissociable de la pensée.

Karim : Tu as raison. Maîtriser plusieurs langues en ce sens est une richesse…et un déchirement à la fois.

---

avoir bien fait de 〜　〜してよかった
Il s'agit de 〜　〜に関することだ

Naomi もついにフランス語を操れるようになった。ところで、この場合、Naomi sait parler français と言うのだろうか、それとも Naomi connaît le français だろうか。どちらも似たような意味の動詞だけれども、どこに違いがあるのだろうか？À toi de trouver !

Activités 15

1 会話文（ナオミの展開する主張）の中で接続表現はどれですか。線を引きましょう。
Soulignez les conjonctions dans le dialogue.

2 以下のいずれかのトピックについて、接続表現を効果的に使って説得的な意見を述べてみましょう。Choisissez un sujet et donnez votre avis en le développant.
   a) Tu préfères le football ou le baseball ? Pourquoi ?
   b) Que pensez-vous des wagons de train réservés aux femmes ?
   c) Voyager : est-ce nécessaire ?
   d) Êtes-vous pour ou contre la peine de mort ?
   e) La culture nous rend-elle plus humain ?（＊2018年度のバカロレアの哲学の課題）

〈接続表現一覧〉

序論・導入
d'abord
en premier lieu
premièrement

説明
parce que / puisque
car / en effet
c'est-à-dire
en fait

付け足し
aussi
de plus
de même
en outre
également

事例
par exemple
entre autres
notamment

列挙
d'abord
ensuite
enfin

対立
mais
au contraire
par contre
pourtant / toutefois
en revanche

次章・次段落への移行
bref
d'ailleurs
donc
ensuite
or
par ailleurs

結果・結論
ainsi / donc
par conséquent
c'est pourquoi
～, d'où ～
en conclusion
finalement

Appendice 補遺

1 人称代名詞強勢形（→第2課）

主語	je	tu	il	elle	nous	vous	ils	elles
強勢形	moi	toi	lui	elle	nous	vous	eux	elles

- 前置詞の後

    Pourriez-vous venir avec *nous* ?
    Cette écharpe n'est pas à *elle*.

- 比較の que の後

    Il est beaucoup plus sérieux que *toi*.

- 主語代名詞の同格

    Moi, je suis d'accord, mais *lui*, il est contre.

- C'est 〜の後

    Qui a cassé la fenêtre ? — C'est eux.
    C'est *vous* qui avez raison.（強調構文）

2 所有代名詞（→第3課）

	男性単数	女性単数	男性複数	女性複数
私のもの	le mien	la mienne	les miens	les miennes
君のもの	le tien	la tienne	les tiens	les tiennes
彼（女）のもの	le sien	la sienne	les siens	les siennes
私たちのもの	le nôtre	la nôtre	les nôtres	
あなた（方）のもの	le vôtre	la vôtre	les vôtres	
彼（女）らのもの	le leur	la leur	les leurs	

mes enfants et *les vôtres* (=vos enfants)
C'est ta clef. Où est *la mienne* ? (=ma clef)

3 近接過去（→第5課）

- 〈venir de + 動詞の不定法（原形）〉で作る。

    Je *viens de* recevoir la lettre de ma mère.
    Ils *viennent* d'arriver à l'aéroport Charles de Gaulle.

4 直接目的と間接目的の併用（→第5課）

Je te donne mon stylo.　→ Je *te le* donne.
J'ai envoyé ces paquets à Jean.　→ Je *les lui* ai envoyés.

5 疑問代名詞（→第6課）

男性単数	女性単数	男性複数	女性複数
lequel	laquelle	lesquels	lesquelles

- 複数の選択肢から「どれ？」と尋ねる場合に用いる。

  De ces deux sacs, *lequel* tu préfères ?
  J'ai vu ta sœur à la gare. — Ah oui ? *Laquelle* ?

6 代名動詞の命令形（→第7課）

- 肯定命令形の場合、再帰代名詞は－（トレデュニオン）で動詞の後に置く。このとき te は toi になる。

  Réveille-toi, Marie !
  Le train va partir, *dépêchons-nous*.

- 否定命令形の場合、再帰代名詞は動詞の前に置く。

  Ne *vous inquiétez* pas tant.

7 関係代名詞　que（→第8課）

- 直接目的語として用いられ、人でも物でも受けられる。

  Voilà le monsieur *que* j'ai rencontré hier à la réunion.
  C'est un restaurant coréen *que* je vous recommande avec confiance.

- que の後に置かれた過去分詞は、先行する直接目的語の性数に一致する。

  Montrez-moi les photos *que* vous avez *prises* au Canada.

8 直説法大過去（→第10課）

- 〈助動詞の直説法半過去＋過去分詞〉で作る。

  finir → j'avais fini, tu avais fini, etc.
  sortir → j'étais sorti(e), tu étais sorti(e), etc.

- 過去のある時点を基準としてそれ以前にすでに完了していることがらを表す。

  Il avait déjà *fini* de faire la vaisselle avant huit heures.
  Quand je me suis réveillé, ma mère *était* déjà sortie.

9 直説法前未来（→第14課）

- 〈助動詞の直説法単純未来＋過去分詞〉で作る。

  lire → j'aurai lu, tu auras lu, etc.
  rentrer → je serai rentré(e), tu seras rentré(e), etc.

- 未来のある時点においてすでに完了していると予想されることがらを表す。

  Je te prêterai ce roman quand je l'*aurai lu*.
  Mes parents *seront rentrés* à cinq heures.

動詞変化表

1. être
2. avoir
3. aimer
4. manger
5. acheter
6. travailler
7. préférer
8. se lever
9. appeler
10. se promener
11. envoyer
12. aller
13. venir
14. finir
15. partir
16. ouvrir
17. mettre
18. vivre
19. écrire
20. lire
21. dire
22. faire
23. croire
24. prendre
25. boire
26. voir
27. s'asseoir
28. recevoir
29. devoir
30. pouvoir
31. vouloir
32. savoir
33. connaître

不定詞／現在分詞	直説法		
	現在	複合過去	半過去
1. être 在る étant	je suis tu es il est n. sommes v. êtes ils sont	j'ai été tu as été il a été n. avons été v. avez été ils ont été	j'étais tu étais il était n. étions v. étiez ils étaient
2. avoir 持つ ayant	j'ai tu as il a n. avons v. avez ils ont	j'ai eu tu as eu il a eu n. avons eu v. avez eu ils ont eu	j'avais tu avais il avait n. avions v. aviez ils avaient
3. aimer 好き aimant	j'aime tu aimes il aime n. aimons v. aimez ils aiment	j'ai aimé tu as aimé il a aimé n. avons aimé v. avez aimé ils ont aimé	j'aimais tu aimais il aimait n. aimions v. aimiez ils aimaient
4. manger 食べる mangeant	je mange tu manges il mange n. mangeons v. mangez ils mangent	j'ai mangé tu as mangé il a mangé n. avons mangé v. avez mangé ils ont mangé	je mangeais tu mangeais il mangeait n. mangions v. mangiez ils mangeaient
5. acheter 買う achetant	j'achète tu achètes il achète n. achetons v. achetez ils achètent	j'ai acheté tu as acheté il a acheté n. avons acheté v. avez acheté ils ont acheté	j'achetais tu achetais il achetait n. achetions v. achetiez ils achetaient
6. travailler 働く travaillant	je travaille tu travailles il travaille n. travaillons v. travaillez ils travaillent	j'ai travaillé tu as travaillé il a travaillé n. avons travaillé v. avez travaillé ils ont travaillé	je travaillais tu travaillais il travaillait n. travaillions v. travailliez ils travaillaient
7. préférer より好む préférant	je préfère tu préfères il préfère n. préférons v. préférez ils préfèrent	j'ai préféré tu as préféré il a préféré n. avons préféré v. avez préféré ils ont préféré	je préférais tu préférais il préférait n. préférions v. préfériez ils préféraient
8. se lever 起きる se levant	je me lève tu te lèves il se lève n. n. levons v. v. levez ils se lèvent	je me suis levé(e) tu t'es levé(e) il s'est levé n. n. sommes levé(e)s v. v. êtes levé(e)(s) ils se sont levés	je me levais tu te levais il se levait n. n. levions v. v. leviez ils se levaient

直説法	命令形	条件法	接続法
単純未来	現在	現在	現在
je serai tu seras il sera n. serons v. serez ils seront	sois soyons soyez	je serais tu serais il serait n. serions v. seriez ils seraient	que je sois que tu sois qu'il soit que n. soyons que v. soyez qu'ils soient
j'aurai tu auras il aura n. aurons v. aurez ils auront	aie ayons ayez	j'aurais tu aurais il aurait n. aurions v. auriez ils auraient	que j'aie que tu aies qu'il ait que n. ayons que v. ayez qu'ils aient
j'aimerai tu aimeras il aimera n. aimerons v. aimerez ils aimeront	aime aimons aimez	j'aimerais tu aimerais il aimerait n. aimerions v. aimeriez ils aimeraient	que j'aime que tu aimes qu'il aime que n. aimions que v. aimiez qu'ils aiment
je mangerai tu mangeras il mangera n. mangerons v. mangerez ils mangeront	mange mangeons mangez	je mangerais tu mangerais il mangerait n. mangerions v. mangeriez ils mangeraient	que je mange que tu manges qu'il mange que n. mangions que v. mangiez qu'ils mangent
j'achèterai tu achèteras il achètera n. achèterons v. achèterez ils achèteront	achète achetons achetez	j' achèterais tu achèterais il achèterait n. achèterions v. achèteriez ils achèteraient	que j'achète que tu achètes qu'il achète que n. achetions que v. achetiez qu'ils achètent
je travaillerai tu travailleras il travaillera n. travaillerons v. travaillerez ils travailleront	travaille travaillons travaillez	je travaillerais tu travaillerais il travaillerait n. travaillerions v. travailleriez ils travailleraient	que je travaille que tu travailles qu'il travaille que n. travaillions que v. travailliez qu'ils travaillent
je préférerai tu préféreras il préférera n. préférerons v. préférerez ils préféreront	préfère préférons préférez	je préférerais tu préférerais il préférerait n. préférerions v. préféreriez ils préféreraient	que je préfère que tu préfères qu'il préfère que n. préférions que v. préfériez qu'ils préfèrent
je me lèverai tu te lèveras il se lèvera n. n. lèverons v. v. lèverez ils se lèveront	lève-toi levons-nous levez-vous	je me lèverais tu te lèverais il se lèverait n. n. lèverions v. v. lèveriez ils se lèveraient	que je me lève que tu te lèves qu'il se lève que n. n. levions que v. v. leviez qu'ils se lèvent

不定詞　現在分詞	直説法		
	現在	複合過去	半過去
9. s'appeler 呼ぶ s'appelant	je m'appelle tu t'appelles il s'appelle n. n. appelons v. v. appelez ils s'appellent	je me suis appelé(e) tu t'es appelé(e) il s'est appelé n. n. sommes appelé(e)s v. v. êtes appelé(e)(s) ils se sont appelés	je m'appelais tu t'appelais il s'appelait n. n. appelions v. v. appeliez ils s'appelaient
10. se promener 散歩する se promenant	je me promène tu te promènes il se promène n. n. promenons v. v. promenez ils se promènent	je me suis promené(e) tu t'es promené(e) il s'est promené n. n. sommes promené(e)s v. v. êtes promené(e)(s) ils se sont promenés	je me promenais tu te promenais il se promenait n. n. promenions v. v. promeniez ils se promenaient
11. envoyer 送る envoyant	j'envoie tu envoies il envoie n. envoyons v. envoyez ils envoient	j'ai envoyé tu as envoyé il a envoyé n. avons envoyé v. avez envoyé ils ont envoyé	j'envoyais tu envoyais il envoyait n. envoyions v. envoyiez ils envoyaient
12. aller 行く allant	je vais tu vas il va n. allons v. allez ils vont	je suis allé(e) tu es allé(e) il est allé n. sommes allé(e)s v. êtes allé(e)(s) ils sont allés	j'allais tu allais il allait n. allions v. alliez ils allaient
13. venir 来る venant	je viens tu viens il vient n. venons v. venez ils viennent	je suis venu(e) tu es venu(e) il est venu n. sommes venu(e)s v. êtes venu(e)(s) ils sont venus	je venais tu venais il venait n. venions v. veniez ils venaient
14. finir 終える finissant	je finis tu finis il finit n. finissons v. finissez ils finissent	j'ai fini tu as fini il a fini n. avons fini v. avez fini ils ont fini	je finissais tu finissais il finissait n. finissions v. finissiez ils finissaient
15. partir 出発する partant	je pars tu pars il part n. partons v. partez ils partent	je suis parti(e) tu es parti(e) il est parti n. sommes parti(e)s v. êtes parti(e)(s) ils sont partis	je partais tu partais il partait n. partions v. partiez ils partaient
16. ouvrir 開ける ouvrant	j'ouvre tu ouvres il ouvre n. ouvrons v. ouvrez ils ouvrent	j'ai ouvert tu as ouvert il a ouvert n. avons ouvert v. avez ouvert ils ont ouvert	j'ouvrais tu ouvrais il ouvrait n. ouvrions v. ouvriez ils ouvraient

直　説　法	命　令　形	条　件　法	接　続　法
単　純　未　来	現　在	現　在	現　在
je m'appellerai tu t'appelleras il s'appellera n. n. appellerons v. v. appellerez ils s'appelleront	appelle-toi appelons-nous appelez-vous	je m'appellerais tu t'appellerais il s'appellerait n. n. appellerions v. v. appelleriez ils s'appelleraient	que je m'appelle que tu t'appelles qu'il s'appelle que n. n. appelions que v. v. appeliez qu'ils s'appellent
je me promènerai tu te promèneras il se promènera n. n. promènerons v. v. promènerez ils se promèneront	promènes-toi promenons-nous promenez-vous	je me promènerais tu te promènerais il se promènerait n. n. promènerions v. v. promèneriez ils se promèneraient	que je me promène que tu te promènes qu'il se promène que n. n. promenions que v. v. promeniez qu'ils se promènent
j'enverrai tu enverras il enverra n. enverrons v. enverrez ils enverront	envoie envoyons envoyez	j'enverrais tu enverrais il enverrait n. enverrions v. enverriez ils enverraient	que j'envoie que tu envoies qu'il envoie que n. envoyions que v. envoyiez qu'ils envoient
j'irai tu iras il ira n. irons v. irez ils iront	va allons allez	j'irais tu irais il irait n. irions v. iriez ils iraient	que j'aille que tu ailles qu'il aille que n. allions que v. alliez qu'ils aillent
je viendrai tu viendras il viendra n. viendrons v. viendrez ils viendront	viens venons venez	je viendrais tu viendrais il viendrait n. viendrions v. viendriez ils viendraient	que je vienne que tu viennes qu'il vienne que n. venions que v. veniez qu'ils viennent
je finirai tu finiras il finira n. finirons v. finirez ils finiront	finis finissons finissez	je finirais tu finirais il finirait n. finirions v. finiriez ils finiraient	que je finisse que tu finisses qu'il finisse que n. finissions que v. finissiez qu'ils finissent
je partirai tu partiras il partira n. partirons v. partirez ils partiront	pars partons partez	je partirais tu partirais il partirait n. partirions v. partiriez ils partiraient	que je parte que tu partes qu'il parte que n. partions que v. partiez qu'ils partent
j'ouvrirai tu ouvriras il ouvrira n. ouvrirons v. ouvrirez ils ouvriront	ouvre ouvrons ouvrez	j'ouvrirais tu ouvrirais il ouvrirait n. ouvririons v. ouvririez ils ouvriraient	que j'ouvre que tu ouvres qu'il ouvre que n. ouvrions que v. ouvriez qu'ils ouvrent

不定詞 現在分詞	直説法		
	現在	複合過去	半過去
17. mettre 置く mettant	je mets tu mets il met n. mettons v. mettez ils mettent	j'ai mis tu as mis il a mis n. avons mis v. avez mis ils ont mis	je mettais tu mettais il mettait n. mettions v. mettiez ils mettaient
18. vivre 生きる vivant	je vis tu vis il vit n. vivons v. vivez ils vivent	j'ai vécu tu as vécu il a vécu n. avons vécu v. avez vécu ils ont vécu	je vivais tu vivais il vivait n. vivions v. viviez ils vivaient
19. écrire 書く écrivant	j'écris tu écris il écrit n. écrivons v. écrivez ils écrivent	j'ai écrit tu as écrit il a écrit n. avons écrit v. avez écrit ils ont écrit	j'écrivais tu écrivais il écrivait n. écrivions v. écriviez ils écrivaient
20. lire 読む lisant	je lis tu lis il lit n. lisons v. lisez ils lisent	j'ai lu tu as lu il a lu n. avons lu v. avez lu ils ont lu	je lisais tu lisais il lisait n. lisions v. lisiez ils lisaient
21. dire 言う disant	je dis tu dis il dit n. disons v. dites ils disent	j'ai dit tu as dit il a dit n. avons dit v. avez dit ils ont dit	je disais tu disais il disait n. disions v. disiez ils disaient
22. faire する faisant	je fais tu fais il fait n. faisons v. faites ils font	j'ai fait tu as fait il a fait n. avons fait v. avez fait ils ont fait	je faisais tu faisais il faisait n. faisions v. faisiez ils faisaient
23. croire 信じる croyant	je crois tu crois il croit n. croyons v. croyez ils croient	j'ai cru tu as cru il a cru n. avons cru v. avez cru ils ont cru	je croyais tu croyais il croyait n. croyions v. croyiez ils croyaient
24. prendre 取る prenant	je prends tu prends il prend n. prenons v. prenez ils prennent	j'ai pris tu as pris il a pris n. avons pris v. avez pris ils ont pris	je prenais tu prenais il prenait n. prenions v. preniez ils prenaient

直 説 法	命 令 形	条 件 法	接 続 法
単 純 未 来	現 在	現 在	現 在
je mettrai tu mettras il mettra n. mettrons v. mettrez ils mettront	mets mettons mettez	je mettrais tu mettrais il mettrait n. mettrions v. mettriez ils mettraient	que je mette que tu mettes qu'il mette que n. mettions que v. mettiez qu'ils mettent
je vivrai tu vivras il vivra n. vivrons v. vivrez ils vivront	vis vivons vivez	je vivrais tu vivrais il vivrait n. vivrions v. vivriez ils vivraient	que je vive que tu vives qu'il vive que n. vivions que v. viviez qu'ils vivent
j'écrirai tu écriras il écrira n. écrirons v. écrirez ils écriront	écris écrivons écrivez	j'écrirais tu écrirais il écrirait n. écririons v. écririez ils écriraient	que j'écrive que tu écrives qu'il écrive que n. écrivions que v. écriviez qu'ils écrivent
je lirai tu liras il lira n. lirons v. lirez ils liront	lis lisons lisez	je lirais tu lirais il lirait n. lirions v. liriez ils liraient	que je lise que tu lises qu'il lise que n. lisions que v. lisiez qu'ils lisent
je dirai tu diras il dira n. dirons v. direz ils diront	dis disons dites	je dirais tu dirais il dirait n. dirions v. diriez ils diraient	que je dise que tu dises qu'il dise que n. disions que v. disiez qu'ils disent
je ferai tu feras il fera n. ferons v. ferez ils feront	fais faisons faites	je ferais tu ferais il ferait n. ferions v. feriez ils feraient	que je fasse que tu fasses qu'il fasse que n. fassions que v. fassiez qu'ils fassent
je croirai tu croiras il croira n. croirons v. croirez ils croiront	crois croyons croyez	je croirais tu croirais il croirait n. croirions v. croiriez ils croiraient	que je croie que tu croies qu'il croie que n. croyions que v. croyiez qu'ils croient
je prendrai tu prendras il prendra n. prendrons v. prendrez ils prendront	prends prenons prenez	je prendrais tu prendrais il prendrait n. prendrions v. prendriez ils prendraient	que je prenne que tu prennes qu'il prenne que n. prenions que v. preniez qu'ils prennent

不定詞 現在分詞	直説法		
	現在	複合過去	半過去
25. boire 飲む buvant	je bois tu bois il boit n. buvons v. buvez ils boivent	j'ai bu tu as bu il a bu n. avons bu v. avez bu ils ont bu	je buvais tu buvais il buvait n. buvions v. buviez ils buvaient
26. voir 見る voyant	je vois tu vois il voit n. voyons v. voyez ils voient	j'ai vu tu as vu il a vu n. avons vu v. avez vu ils ont vu	je voyais tu voyais il voyait n. voyions v. voyiez ils voyaient
27. s'asseoir 座る s'asseyant	je m'assieds tu t'assieds il s'assied n. n. asseyons v. v. asseyez ils s'asseyent	je me suis assis(e) tu t'es assis(e) il s'est assis n. n. sommes assis(e)s v. v. êtes assis(e)(s) ils se sont assis	je m'asseyais tu t'asseyais il s'asseyait n. n. asseyions v. v. asseyiez ils s'asseyaient
28 recevoir 受け取る recevant	je reçois tu reçois il reçoit n. recevons v. recevez ils reçoivent	j'ai reçu tu as reçu il a reçu n. avons reçu v. avez reçu ils ont reçu	je recevais tu recevais il recevait n. recevions v. receviez ils recevaient
29. devoir 〜しなければならない devant	je dois tu dois il doit n. devons v. devez ils doivent	j'ai dû tu as dû il a dû n. avons dû v. avez dû ils ont dû	je devais tu devais il devait n. devions v. deviez ils devaient
30. pouvoir 〜できる pouvant	je peux (puis) tu peux il peut n. pouvons v. pouvez ils peuvent	j'ai pu tu as pu il a pu n. avons pu v. avez pu ils ont pu	je pouvais tu pouvais il pouvait n. pouvions v. pouviez ils pouvaient
31. vouloir 〜したい voulant	je veux tu veux il veut n. voulons v. voulez ils veulent	j'ai voulu tu as voulu il a voulu n. avons voulu v. avez voulu ils ont voulu	je voulais tu voulais il voulait n. voulions v. vouliez ils voulaient
32. savoir 知る sachant	je sais tu sais il sait n. savons v. savez ils savent	j'ai su tu as su il a su n. avons su v. avez su ils ont su	je savais tu savais il savait n. savions v. saviez ils savaient
33. connaître 知る connaissant	je connais tu connais il connaît n. connaissons v. connaissez ils connaissent	j'ai connu tu as connu il a connu n. avons connu v. avez connu ils ont connu	je connaissais tu connaissais il connaissait n. connaissions v. connaissiez ils connaissaient

直説法	命令形	条件法	接続法
単純未来	現在	現在	現在
je boirai tu boiras il boira n. boirons v. boirez ils boiront	bois buvons buvez	je boirais tu boirais il boirait n. boirions v. boiriez ils boiraient	que je boive que tu boives qu'il boive que n. buvions que v. buviez qu'ils boivent
je verrai tu verras il verra n. verrons v. verrez ils verront	vois voyons voyez	je verrais tu verrais il verrait n. verrions v. verriez ils verraient	que je voie que tu voies qu'il voie que n. voyions que v. voyiez qu'ils voient
je m'assiérai tu t'assiéras il s'assiéra n. n. assiérons v. v. assiérez ils s'assiéront	assieds-toi asseyons-nous asseyez-vous	je m'assiérais tu t'assiérais il s'assiérait n. n. assiérions v. v. assiériez ils s'assiéraient	que je m'asseye que tu t'asseyes qu'il s'asseye que n. n. asseyions que v. v. asseyiez qu'ils s'asseyent
je recevrai tu recevras il recevra n. recevrons v. recevrez ils recevront	reçois recevons recevez	je recevrais tu recevrais il recevrait n. recevrions v. recevriez ils recevraient	que je reçoive que tu reçoives qu'il reçoive que n. recevions que v. receviez qu'ils reçoivent
je devrai tu devras il devra n. devrons v. devrez ils devront	dois devons devez	je devrais tu devrais il devrait n. devrions v. devriez ils devraient	que je doive que tu doives qu'il doive que n. devions que v. deviez qu'ils doivent
je pourrai tu pourras il pourra n. pourrons v. pourrez ils pourront		je pourrais tu pourrais il pourrait n. pourrions v. pourriez ils pourraient	que je puisse que tu puisses qu'il puisse que n. puissions que v. puissiez qu'ils puissent
je voudrai tu voudras il voudra n. voudrons v. voudrez ils voudront	veuille (veux) voulons veuillez (voulez)	je voudrais tu voudrais il voudrait n. voudrions v. voudriez ils voudraient	que je veuille que tu veuilles qu'il veuille que n. voulions que v. vouliez qu'ils veuillent
je saurai tu sauras il saura n. saurons v. saurez ils sauront	sache sachons sachez	je saurais tu saurais il saurait n. saurions v. sauriez ils sauraient	que je sache que tu saches qu'il sache que n. sachions que v. sachiez qu'ils sachent
je connaîtrai tu connaîtras il connaîtra n. connaîtrons v. connaîtrez ils connaîtront	connais connaissons connaissez	je connaîtrais tu connaîtrais il connaîtrait n. connaîtrions v. connaîtriez ils connaîtraient	que je connaisse que tu connaisses qu'il connaisse que n. connaissions que v. connaissiez qu'ils connaissent

---

フランス語にダイヴ！

| 検印省略 | ⓒ 2019 年 1 月 31 日　初版発行
2020 年 11 月 1 日　第二刷発行 |

著　者　　　　石　井　洋 二 郎
　　　　　　　野　崎　夏　生

発行者　　　　原　　雅　　久
発行所　　　　株式会社　朝　日　出　版　社
　　　　　　　101-0065　東京都千代田区西神田 3-3-5
　　　　　　　　　　　電話直通　(03)3239-0271/72
　　　　　　　　　　　振替口座　00140-2-46008
　　　　　　　　　　　http://www.asahipress.com/

イラスト　　　きりたにかほり
写　真　　　　Shutterstock
本文レイアウト　森田幸子
装　　丁　　　株式会社細山田デザイン事務所
組　　版　　　有限会社ファースト
印　　刷　　　図書印刷株式会社

乱丁、落丁本はお取り替えいたします。
ISBN978-4-255-35298-5　C1085

本書の一部あるいは全部を無断で複写複製（撮影・デジタル化を含む）
及び転載することは、法律上で認められた場合を除き、禁じられています。